Pedro Riba

La caja de Pandora

¿Qué se esconde detrás de maestros,
guías ideológicos y aprendices del siglo XXI?

Prólogos de Luis del Olmo, Miryam Al-Fawal Portal
y Bernat-N. Tiffon Nonis

dve
PUBLISHING

© Editorial De Vecchi, S. A. 2018
© [2018] Confidential Concepts International Ltd., Ireland
Subsidiary company of Confidential Concepts Inc, USA
ISBN: 978-1-68325-873-5

AGRADECIMIENTOS

*Quiero agradecer de todo corazón a mi mujer Elsa su amor y compañía
a la hora de escribir este libro, su complicidad y sus palabras
cariñosas cargadas de ternura.
A ti, Elsa, gracias por ser como eres, te quiero.*

*A todos mis seres queridos, a mi familia y a mis amigos, a todos.
A los que están y a los que partieron dejando huella de su afecto.
A mis suegros, unos segundos padres, os quiero.
Y a mis padres, que hasta el día de hoy han estado apoyándome,
día a día.*

*Cómo no tener una mención especial a mis buenos amigos
que figuran en este libro con sus respectivos prólogos:
gracias por ser excepcionales para un servidor.*

PEDRO RIBA

Índice

Prólogo de Luis del Olmo

Conviene leer este formidable libro de Pedro Riba. Una apasionada y apasionante relación de los movimientos espirituales que en este mundo son y han sido.

En él, además, la documentación no entorpece el discurso, sino todo lo contrario, lo ameniza. De casta le viene al galgo. Pedro Riba es un gran comunicador radiofónico, que lleva años demostrando su buen hacer en los micrófonos de la radio y en concreto en Punto Radio, y la impronta de la radio se nota en el esfuerzo por acrecentar el interés del lector desde la primera página.

Pedro Riba se erige en defensor de una nueva forma de ver la historia presente y la del futuro, frente a los agoreros de la catástrofe, que hablan de la nueva peste, sacando como ejemplo el SIDA, o el fantasma de la guerra química, bacteriológica, vírica, las diversas epidemias, el problema del agujero de ozono o la contaminación nuclear.

De todo esto da buena cuenta el autor, intentando separar el grano de la paja en un circo espiritualista donde cada disciplina tiene su gurú de guardia, de la ecología a la alimentación, de la medicina a la física cuántica. La procesión es delirante: ángeles y ovnis, chamanes y charlatanes, cátaros y masones, parapsicólogos y echadores de tarot, coleccionistas de hologramas y curanderos lisérgicos, videntes de nuevo cuño y dietistas cerebrales.

Todo vale en este carrusel de propósitos y despropósitos, estimulados por la parafernalia mediática.

Vivimos una nueva era. La sociedad industrial ha dado paso a la sociedad de los medios de masas. Es la Nueva Era de la Comunicación, donde el medio, además del mensaje, es el masaje. El medio se convierte en fin, la gente es famosa porque sale en la televisión, y sale en la televisión porque es famosa. Frente a la sacralización del continente, urge la autenticidad del contenido. Se ha terminado el hablar por hablar, cada vez importa menos el cómo y más el qué y, sobre todo, el por qué.

Llegan los tiempos de la verdad pura. No es hora de falsos profetas, sino de auténticos místicos, de maestros que nos enseñen a contemplar, en toda su implosión y explosión, lo que Teilhard llamó el espíritu que impregna toda la materia, desde el árbol hasta el agricultor que lo cuida, desde la roca hasta el escultor que la esculpe, desde el aire hasta el niño que lo respira. Toda materia, hasta la más mostrenca, posee un espíritu que hemos de descubrir y respetar. Porque todo es digno de vida.

Pedro Riba apuesta por la esperanza, por la armonía y por el equilibrio entre ciencia, tecnología y espiritualidad. El autor nos proporciona una información eficaz para conocer todos los pormenores de esta nueva y antigua espiritualidad, y esto honra a los dos: al autor y a un libro que recomiendo vivamente.

LUIS DEL OLMO
Periodista

Prólogo de la Dra. Miryam Al-Fawal Portal

L a dureza de las palabras en ocasiones las hace, en su dificultad, más bellas si cabe, cuando de decir verdades sin cortapisas se trata. Esa belleza difícil es a la que probablemente dé más miedo enfrentarse. No es este el caso de mi buen amigo Pedro Riba, que ha apostado en este espléndido libro por desmitificar sin inhibiciones la indecencia de la mentira y la oscuridad que rodea a ciertos sectores que, queriendo teñirse de espirituales, no hacen más que hallarse próximos a lo ilícito.

En verdaderos prestidigitadores de la Ley se han erigido algunos mal llamados gurús, pseudofilósofos, protocientíficos, tarotistas y adivinadores que, como si de un cuento medieval se tratara, intentan —y en ocasiones logran— convencer al prójimo de este turbulento siglo XXI de la necesidad de sus servicios, a la par de las bondades que a cambio se obtendrán invitándoles a internarse, como si de un dibujo de Escher se tratara, en un mundo pleno de utópicas soluciones que pasan por el tamiz de estos auténticos oportunistas emocionales.

Pedro Riba ha sabido, como en el resto de sus libros, conjugar de forma exquisita sus arduas investigaciones y conocimientos sobre el particular con su personal forma de vivir la comunicación, y plasmar en el papel en blanco lo que esa dulce voz que nos acompaña desde hace ya 22 años a través de las ondas nos transmite encuentro tras encuentro.

Su visión como profundo conocedor de la temática de este libro se torna en imprescindible, dado que ha tratado *intuitae personae* con muchos de los que se proclaman abanderados de estas falacias, sabiendo, con la maravillosa elegancia que le caracteriza, "capear el temporal" en ocasiones, sin dejar de ser en otras una voz firme y clara que ha proclamado la existencia de numerosos engaños, conjugando su labor de comunicador con la de franco servidor de la verdad y hombre valiente al que difícilmente se puede detener en sus propósitos.

Su inteligencia, su bondad y su saber hacer hacen de mi amigo Pedro Riba, además de un magnífico escritor y un ameno narrador, una figura imprescindible a la hora de descubrir y describir las claves de organizaciones y movimientos que se retratan a lo largo de este libro, sus orígenes y lo que de veraces o benignas pueden resultar para la sociedad en la que nos hallamos inmersos.

Sin miedo, libre y sencillo, Pedro Riba despliega en este libro muchas de las cuitas que la mayoría de nosotros poseemos y a las que no hallamos respuesta o, al menos, una respuesta que conjugue el conocimiento de propia mano y el estudio profundo de esta fenomenología social.

Sólo me resta por decir a mi buen amigo que le agradezco la oportunidad de regalarle estas palabras y la que de nuevo se nos ofrece a sus lectores y seguidores, que somos muchos. Al resto, a los que se combaten por el autor en el presente, parafraseando a Pan Nalin, entiendo necesario exclusivamente hacerles pensar en este bello aforismo del budismo tibetano que, como este libro, sólo nos conduce a la verdad: «¿*Cómo impedir que una gota de agua se seque?*»

MIRYAM AL-FAWAL PORTAL
Jurista, Dra. en Derecho Penal, ex Juez, Fiscal en Func. y Criminóloga

Prólogo del Dr. Bernat-N. Tiffon Nonis

Ha tocado mi turno. Durante años de inumerables reuniones y tertulias radiofónicas y televisivas, siempre he gozado de la gran y honorable gentileza de mi buen amigo, Pedro Riba, de ser presentado brillantemente en sus amenos e interesantes programas. Unas veces acompañado por distintos expertos y, otras veces, de manera individual en un *tête à tête* con él mismo.

En esta ocasión "los papeles" se han invertido, y puedo decir, con mucho agrado y satisfacción, que gozo del gusto de presentar esta su nueva y reciente obra.

La figura de Pedro Riba no es sólo la de un gran profesional de la comunicación y del periodismo, que no necesita más palabras dado que su buena dedicación y compromiso laboral en el buen *savoir faire* que le caracteriza —en este siempre difícil ámbito laboral— y que, día tras día, siempre ha demostrado con suficiente holgura. No se ha de olvidar que, además de ello, Pedro Riba impregna con su característico *toque* personal el contenido profesional de sus programas, lo que le convierte en un operador comunicacional singular y humanísticamente único.

Esto mismo es lo que ocurre con la presente obra que Vd., lector, tiene entre sus manos. Esta obra que se dispone a leer tiene una *doble vida*: por un lado, se halla impregnada de todo un conjunto de temas en el que se irá adentrando a través de cada uno de los distintos capítulos; y, por otro lado, —es decir, la *otra vida*—, es la que el propio autor ha ido desgranando y explicando en la obra aquí presente con su característica narración. Ambas *vidas* se encuentran estrechamente unidas —como si de un *Nudo Gordiano* se tratase— para reflejarse simbióticamente en este profundo trabajo.

La gentil petición de mi buen amigo Pedro Riba de realizar un prólogo a su obra me ha sido desde el punto de vista personal muy enriquecedor, no tan sólo debido a la fructífera amistad que nos une sino también por haber contertuliado durante numerosos e interesantes programas a lo largo de muchos años compartiendo experiencias y temáticas diversas en colaboración con otros grandes e importantes expertos de distintas áreas de especialización de los ámbitos académicos, científicos y de la investigación.

En esta obra, Pedro Riba aúna y compendia muchos y diversos temas de distinta índole, enriqueciendo su siempre constante inquietud a lo novedoso, nutriendo su siempre constante expectativa por lo secreto y/o oculto de los temas que no salen a la luz —al menos no siempre de forma tan evidente.

Filosofía, Historia, Psicología, Medicina, Ciencia, Ocultismo, Religión, Naturaleza... todas estas áreas del conocimiento se engranan y se reúnen *renacentísticamente* (si se me permite la cursiva) en esta obra —como si de la tarea de Leonardo da Vinci se tratara— de manera amena, e intenta avanzar humildemente un paso en la consecución del objetivo más legítimo del ser humano: alcanzar un conocimiento más profundo.

De hecho, es desde el punto de vista histórico y a lo largo de los siglos que gracias a la inquietud intelectual y científica de grandes figuras, nuestra sociedad ha llegado a ser la que es en la actualidad debido a ese afán de conocimiento y superación.

Se retoman y se revisan temas tales como la masonería y la neomasonería, los cátaros, los templarios, los *illuminati*, las sectas, el budismo y el sufismo, el psicoanálisis, la neurología, etc., entre otros muchos temas más que se vienen a reflejar en el presente.

A Vd., lector, le deseo que con la presente obra pueda, ya no tan sólo disfrutar por sí mismo, sino además, también nutrir y enriquecer su propio *equipaje* intelectual y acompañar humanísticamente a Pedro Riba en este amplio y vasto viaje.

Dr. Bernat-N. Tiffon Nonis
Licenciado y Doctor en Psicología.
Profesor de Psicología de la Personalidad

Universidad de Barcelona (UB).
Profesor de Psicología Forense

Escuela de Práctica Jurídica
Ilustre Colegio de Abogados de Terrassa.

Profesor de Psicología Criminal
Universitat Internacional de Catalunya (UIC).

INTRODUCCIÓN

¿Nos encontramos ahora en un nivel que con el paso del tiempo culminará en algo que sólo la palabra espíritus puede describir? ¿Somos la crisálida, la larva o quizás el huevo aún no incubado?

ARTHUR C. CLARKE

La Nueva Era es como un cajón de sastre en el que podemos encontrar de todo. Hallaremos agujas sin estrenar y otras completamente oxidadas; entre fragmentos de retales se enredarán hilos de todos los colores; habrá hebillas modernísimas y botones del siglo pasado, incluso se ha aprovechado algún botón forrándolo con una tela moderna. Si metemos mucho la mano podemos llegar a clavarnos algún alfiler perdido y si exploramos podemos llegar a encontrar objetos insólitos que no sabemos cómo han podido ir a parar a este cajón.

Valga el símil anterior para tratar de explicar qué es esta tendencia que nació en Estados Unidos con el nombre de *New Age* y que se popularizó rápidamente por todo el mundo gracias a una astuta comercialización. ¿Acaso no han existido siempre las «nuevas eras»? Diría que en todo momento han existido modas y creencias que imponían su carácter a su época.

En el siglo XIX las brujas que se habían librado de la Inquisición aún predecían el futuro, curaban con extraños ungüentos y suministraban filtros y talismanes a sus clientes. Después, la gente se obsesionó con el mesmerismo y el espiritismo. Al principio sólo unos pocos dotados eran capaces de invocar a los espíritus y hacerlos aparecer en turbias sesiones en las que se oían gritos desgarradores, golpes de ultratumba, objetos que se movían y fugaces apariciones envueltas en sedas fosforescentes. Luego, las sesiones de espiritismo se convirtieron en algo tan normal que no había edificio en el que algún vecino no se dedicase a tan lustroso negocio. La güija completó el panorama y los adivinos proliferaron como hormigas.

En las décadas de los años cuarenta y cincuenta del siglo XX llegó la moda de los poderes mentales. Maestros supuestamente dotados de ellos enseñaban a sus alumnos el arte de desarrollar y dominar esta potencialidad. Con ellos llegó la parapsicología y hasta los niños se atrevían a emular a Uri Geller doblando cucharas y tenedores. Posteriormente, hubo momentos en que ocurrían hechos insólitos, como las caras de Bélmez u otras apariciones. Para completar aún más el espectáculo unos presuntos alienígenas empezaron a sobrevolar nuestros cielos con naves en forma de platos, tapacubos o puros. Según los testigos de la época aquellos seres llegaron a aterrizar y se dejaron ver con sus mil y una formas diferentes, que iban desde extraños pulpos hasta enanitos de gruesas cabezas. Esta moda alienígena se popularizó aún más con las abducciones y los llamados *ovnis de dormitorio*: era la Nueva Era de los ovnis.

En los años sesenta la *New Age* empezó a extenderse por Estados Unidos y, rápidamente, arribó a Europa. La llegada a España fue un poco más lenta debido a las peculiares características políticas de nuestro país, pero finalmente ya estábamos en la Nueva Era.

A lo largo de las páginas de este libro voy hacer un recorrido por esta «era» histórica que atraviesa el mundo, y en particular por su repercusión en nuestro país. En la primera parte hablaré de los gurús, algunos falsos y otros dignos de admiración; detallaré el negocio que implica la Nueva Era para muchas personas que pregonan sus virtudes, venden sus peculiaridades e incluso imparten sus enseñanzas en muchos centros, algunos de los cuales con dudosa capacidad para hacerlo.

En la segunda parte abordaré las grandes tradiciones y los peligros de las sectas. En estos temas trataré de ser lo más neutral posible, reconociendo la importancia y el valor de las tradiciones milenarias y los peligros que encierran ciertos grupos sectarios, sobre los cuales no dudaré en especificar una serie de normas para reconocerlos. Veremos también lo que ha significado la llegada de la Nueva Era, lo que está en alza y lo que se encuentra en una decadencia estrepitosa. Descubriremos cómo el budismo, el sufismo, el chamanismo, el druidismo, los cátaros, las beguinas y la neomasonería ganan escaños frente al espiritismo, la astrología, el tarot y la masonería clásica, entre otros.

En la tercera parte veremos cómo este nuevo movimiento también ha implicado una nueva concepción de la psicología, ya que han aparecido nuevas terapias que abordan temas sorprendentes como la vida después de la vida o el renacimiento, aunque estos conceptos ya estaban recogidos en el *Libro de los Muertos* de los egipcios y en el de los tibetanos, o en las reencarnaciones budistas o hinduistas.

Finalmente, en la cuarta parte hablaré del nuevo paradigma que ha transformado el pensamiento del pasado siglo XX y el del XXI, gracias a la influencia de la Nueva Era, y que ha llevado a crear nuevas tendencias como el movimiento transpersonal. Explicaré cómo la necesidad de trascender se ha convertido en una importante filosofía y de qué manera se están utilizando algunas técnicas para alcanzar los estados modificados de consciencia. Terminaré el libro con esta última invasión de ángeles, que da una nueva dimensión a este tercer milenio.

PRIMERA PARTE

Los maestros y gurús de finales
del siglo XX e inicios del siglo XXI

*En este mercado de vendedores de medicinas ocultas,
no corras de acá para allá, de tienda en tienda. Siéntate más bien
en el puesto de aquel que pueda darte el verdadero remedio.*
Munaqib el-Arifin

Cada final de milenio se ha caracterizado por la existencia de un gran número de milenaristas, gurús, maestros y mesías; sin embargo, la última década del siglo xx ha sido la más prolífica en esta clase de personajes. También es aquella en la que abunda un número inimaginable de charlatanes y falsos encantadores de serpientes que aprovechan una atípica circunstancia histórica para sobrevivir en ese gran mercado persa. No quiero decir con ello que todos esos personajes, escuelas, sectas, nuevas religiones, tendencias y tradiciones sean falsas; todo lo contrario, en ese gran zoco encontramos de todo, pero hemos de saber elegir, debemos saber escoger entre lo falso y lo auténtico, o, como mínimo, lo más próximo a la verdad.

Ante todo, tenemos el fenómeno denominado *New Age* o *Nueva Era*, un movimiento que se inició en los años sesenta del siglo xx y que hoy, tras cruzar las puertas del tercer milenio, todavía colea por todo el mundo, aunque en su seno existen algunas tendencias menos comercializadas y más serias, de las que hablaremos en capítulos posteriores.

La Nueva Era o *New Age*, como dicen los más implicados en este sistema, acoge a las tendencias serias pero también a muchos desaprensivos. Durante estas últimas décadas, algunos de los explotadores comerciales menos escrupulosos de este concepto están fomentando la aparición de un gran número de neuróticos y de secuelas enfermizas en muchos incautos. No se ha podido evitar que entrasen en la estructura de la Nueva Era muchas personas que no defienden el respeto a la mente, que no entienden lo que significa su evolución y que están muy alejadas del proyecto de reencuentro espiritual de todas las tradiciones y la verdadera búsqueda de nuestra consciencia.

Quiero empezar hablando de esos seguidores de la Nueva Era que se creen una especie de jedi o de Obi-Wan Kenobi, y de los nuevos paradigmas y conceptos que están dejando obsoleta esa «vieja» Nueva Era.

El zoco de los falsos maestros

Empezaremos por esos maestros que surgen por doquier. Hubo un tiempo —que, al parecer, comienza a desvanecerse— en el que levantábamos una piedra y aparecía un maestro de la Nueva Era. Como dice Jean Klein: «Un verdadero maestro no se considera a sí mismo como tal, ni tampoco trata a su discípulo como si lo fuera. Cuando ninguno de los dos se considera de una determinada manera, entonces puede haber un encuentro, una unidad, y en esta tendrá lugar la transmisión». Sirva esta sentencia para ayudarnos a calibrar a las personas que imparten enseñanzas y conocimientos.

Todo ese mundillo de «maestros» me recuerda a aquellos personajes característicos de las novelas de Graham Greene —falsos espías, cónsules honorarios, propietarios de hoteles ruinosos—, pero aquí se trata de falsos brujos, chamanes y maestros, pseudo-Nostradamus con sus profecías bajo el brazo, propietarios de centros obsoletos, toda una serie de criaturas que parecen salidas de las páginas de *Alicia en el país de las maravillas*, sometidas a los caprichos de sus propios egos. Estos aprendices de brujo son incapaces de creer en lo que ellos mismos invocan y pueden relatar tantas vivencias ficticias que el barón de Münch-hausen sería un narrador de tercera categoría a su lado.

Lamentablemente, toda esta fauna ávida de espíritus ingenuos cargados de inquietudes está causando daños mentales a muchas personas. Estos pseudomaestros, magos, adivinos, etc., viven y se aprovechan de personas que se encuentran solas, que hace tiempo que dejaron de ser felices y que ahora están asustadas, confundidas y bloqueadas. Esta gente vive situaciones críticas en nuestra sociedad y sus inquietudes precisan una correcta orientación.

La mayoría de esta clase de maestros dicen que quieren ayudar a la gente, pero lo que de verdad les mueve es el miedo a perder el control sobre sus discípulos, sobre aquellas personas que han depositado su confianza en ellos. Estos alumnos acaban haciendo que sus maestros vivan mejor, mientras que ellos mismos se encuentran cada día más sometidos y atados. Seguramente algún día se les llegará a juzgar por sus mentiras y manipulaciones, y también por sus ambiciones personales, camufladas en el interior de sus enormes egos.

No podemos olvidarnos de esa invasión de dudosos psicoanalistas, terapeutas y chamanes venidos del continente americano que han proliferado en nuestro país, así como de asiáticos que dicen pertenecer a «nobles» monasterios perdidos en el techo del mundo. Con ello no quiero decir que todos los sudamericanos y asiáticos sean unos charlatanes y buhoneros, ya que, como veremos más adelante, de estos dos continentes provienen unas importantes corrientes de conocimiento esotérico, traídas por unos maestros que reúnen una serie de rasgos de credibilidad o que, al menos, portan con ellos un conocimiento enriquecedor.

Primero llegaron desde Sudamérica los «psicoanalistas», todos ellos expertos freudianos hasta que descubrieron que en Europa ya habíamos superado a Freud y nos encaminábamos hacia tendencias más acordes con Jung, Maslow y Assagioli y que, además, el psicoanálisis se encontraba *demodé* en nuestro continente. Luego vinieron los coreógrafos a enseñarnos la psicodanza, precisamente en un continente donde, desde las danzas frenéticas de los ritos coribánticos griegos hasta la evocación de círculos, como la sardana, dedicados a la diosa Cerda, no se ha hecho otra cosa que danzar para trascender. Hubo otra época en que todos los «maestros» que venían de Sudamérica eran reputados «terapeutas» que nos hablaban de «entrenamientos» y «métodos», y aportaban la novedad del eneagrama en la tierra, técnica que apareció por primera vez de la mano y las enseñanzas de George Ivanovich Gurdjieff; nos enseñaban técnicas de terapia de grupo cuando ya estábamos trabajando en las experiencias transpersonales de Grof y las técnicas de trabajo conjunto de Carl Rogers. Ahora, todos lo que llegan son chamanes, con dudosos rituales sacados de las espesas junglas y sesiones de ayahuasca en las que endosan a los incautos algarrobas molidas en agua con un par de pastillas de MDMA (éxtasis). Nos traen el chamanismo a un continente con raíces druídicas de claro origen chamánico y donde posiblemente no tenemos ayahuasca y peyote, pero contamos con *Amanita muscaris* y una herboristería alquímica de reputada tradición; además de que antropólogos y psicólogos estudian el chamanismo en las universidades.

Las escuelas de la insensatez

Una de las debacles más grandes existentes son esos cientos de centros o talleres de trabajo interior o superación que proliferan como los vendedores en los zocos afroasiáticos. Estos lugares los rigen personas que, en vez de impartir sus letales enseñanzas, deberían estar tumbadas seis horas al día en los sillones de algún psiquiatra para poder reequilibrar sus mentes.

Existen muy pocos centros y maestros con una coherencia y moral dignas donde se imparta, con verdadero rigor, una auténtica enseñanza psicológica, transpersonal, espiritual o de crecimiento interior. En la mayor parte del resto de centros sólo importa aumentar el número de matrículas e impartir cualquier clase de pseudoenseñanza, sin ninguna preocupación o argumento pedagógico contrastados. No es necesario dar nombres, pues al verlos en la prensa escrita, la radio o la televisión sabemos reconocerlos.

Con las afirmaciones anteriores no queremos descalificar a todas las escuelas o centros que existen en este país, ya que en ese campo también podemos encontrar centros, academias, escuelas, profesionales o institutos que imparten una enseñanza seria y rigurosa. En estos lugares se transmite un conocimiento tradicional dentro de líneas responsables de budismo, sufismo, zen, tantra y otras tradiciones, y, en ellos, unos monitores que han seguido cursos de aprendizaje durante muchos años imparten sus enseñanzas utilizando técnicas que han sido probadas y utilizadas en otros centros extranjeros por reputados especialistas de la psicología, la antropología o la medicina. En ocasiones resulta difícil escoger y no caer en un lugar donde la enseñanza pueda ser mal administrada o no producir ninguna clase de resultados. El consejo es acudir siempre a aquellos lugares que tengan el mayor grado académico y que se muevan en entornos de investigación universitaria.

El circo de la Nueva Era

Las ferias de la Nueva Era ratifican que la calidad y el rigor de estos eventos, dominados por los fines comerciales, deja mucho que desear. En ellos se reúne la más variopinta y caótica muestra de la decadente Nueva Era: organizadores, magos, brujas, vendedores de ilusiones, adivinos, algún despistado y otros miembros del sector a los que vemos abrazándose y apuñalándose a la vez, comportándose como los gitanos de Machado, de los que se decía: «Se mienten pero no se engañan».

Al lado de las ferias actuales, los antiguos buhoneros que vendían por los pueblos pócimas milagrosas, crecepelos y jarabes contra todas las enfermedades son auténticos santos venerables y hermanitas de la caridad. Afortunadamente, poco a poco se va imponiendo la costumbre de realizar certámenes, congresos, seminarios y encuentros que se alejan mucho de esos zocos de la Nueva Era.

A veces las actividades paralelas a estos eventos, es decir, las conferencias y los foros de discusión, pueden darnos una garantía de la organización del certamen. Sólo tenemos que comprobar quiénes son los organizadores y las personas que impartirán las conferencias o dirigirán los foros de trabajo, ver su reputación y su currículo académico, o por lo menos sus publicaciones y actividades. Ese examen previo nos dará una idea de la seriedad del certamen.

Así, frente a este amplio panorama de ferias y certámenes, en el que también podríamos incluir congresos, simposios, seminarios de fin de semana y conferencias, deberemos reflexionar antes de acudir a alguno de ellos y actuaremos con mucha cautela y precaución, estudiando atentamente el contenido que se va a impartir, sobre todo si nuestra presencia requiere un desembolso económico. No hay nada más decepcionante que acudir a un evento de esta categoría y descubrir que el contenido es tan flojo que nuestra presencia sólo resulta interesante para los organizadores a fin de vendernos artículos y objetos que no nos van a servir para nuestro crecimiento personal.

La ecología profunda

Otro de los sectores que proliferan amparados en la ideología de la Nueva Era son los grupos centrados en la ecología, pero debemos saber que no todos los que se denominan así merecen ese calificativo.

En la actualidad, existen muchos colectivos mal llamados ecológicos. Para entenderlos tenemos que hablar de la «ecología profunda»; se trata de una visión espiritual de la naturaleza que apoya la idea de que los humanos no somos el centro del universo, la fuente de todos los valores y el culmen de la creación. Esta corriente defiende que el mundo no es una pirámide con una especie (la nuestra) en la cima, sino más bien un tejido en el cual los humanos sólo somos un hilo entrelazado con los demás. La «ecología profunda», por ejemplo, sostiene que los bosques, lejos de ser una fuente de recursos, son la matriz de la que han surgido todas las formas de vida, incluida la humana.

Ken Wilber, uno de los psicólogos transpersonales más importantes del mundo, nos recuerda que: «Si violamos las posibilidades que nos ha dado la biosfera, esta se deshará de nosotros como si fuéramos pulgas, y no se sentirá peor después de hacerlo».

La ecología debe ser responsable y, por supuesto, no caer en el fanatismo y en utopías irrealizables. Una parte de los ecologistas han optado por la denuncia pacífica, mientras que otros se han decantado por la denuncia espectacular o teatral. Ambos caminos parecen necesarios: dentro del primer grupo tendríamos a los ecologistas que escriben libros y reparten folletos pacíficamente por la calle; en el segundo estarían todos aquellos que, para reivindicar su protesta, se suben a una chimenea o se interponen con sus zódiacs entre los arponeros y las ballenas. Aún tendríamos que citar un tercer grupo de ecologistas, cuya actividad ha traspasado los límites de lo racional y han alcanzado los de la paranoia. Este sería el caso de aquellos activistas que colocan bombas y destruyen edificios administrativos sin importarles la pérdida de vidas humanas, como ha ocurrido en algunas partes del mundo. En estos casos su afán por salvar a la humanidad los convierte en el típico psicópata de las películas de James Bond, en villanos como Goldfinger, el doctor No, Blofeld, Scaramanga, etc.

Una nueva forma de alimentarse

En la Nueva Era la alimentación se ha convertido en una moda. Muchos se consideran dentro de esta corriente por sus hábitos alimentarios, pero eso no es suficiente.

Hoy se considera que ya no basta sólo con practicar yoga u otras disciplinas psicoespirituales, sino que es necesario ser más pacífico y considerar las implicaciones espirituales y morales de nuestras elecciones relacionadas con la alimentación.

Pero aún existe algo más profundo, y es que estamos tratando a los animales que consumimos o que producen nuestros alimentos (leche, huevos, quesos, etc.) de una forma cruel y horrorosa, lo cual acaba repercutiendo en ellos.

Esos encierros, masificaciones, engaños con la luz y el paso de los días, esos traslados o sacrificios crueles, todos estos procesos producen en su interior sustancias químicas y, en consecuencia, les generan tensiones y miedos que, a su vez, les producen tumores, cánceres y bilis que derivan, por ejemplo y en última instancia, en productos lácteos alterados. Debemos saber, pues, que hemos de tener en cuenta todos esos factores al organizar nuestra alimentación para que luego no repercutan en nosotros.

Las vacas con tuberculosis supusieron el primer aviso, el segundo —las llamadas *vacas locas*— casi estuvo a punto de producir un epidemia mundial. Y no han sido los únicos casos, pues no hace demasiado tiempo pudimos ver cómo, en Hong Kong, fue necesario sacrificar cientos de miles de pollos porque habían contraído una extraña y peligrosa gripe que podía transmitirse al ser humano. Y sin ir tan lejos se encuentran las enfermedades de la liebre ibérica, los problemas de la peste porcina u otros.

Sin duda, la educación en la alimentación ha sido una de las mejores cosas que nos ha aportado la Nueva Era. Actualmente empezamos a saber que determinados alimentos comportan enfermedades y estados psicológicos anormales.

Hemos aprendido que el exceso de peso, como consecuencia de las grasas animales, es un enemigo de nuestra salud, que afecta a nuestro corazón, carga nuestro cuerpo de colesterol y origina una falta de armonía en nuestra hipertensión. Todo ello nos ha conducido a llevar un régimen alimentario más sano, rico en frutas y vegetales, tal como es propio de la dieta mediterránea, que ahora parece alcanzar una gran popularidad en todo el mundo.

La medicina que viene

La deficiente orientación dada en muchos centros de los que ya hemos hablado antes ocasiona que, como dice Joan Borysenko: «Muchos se precipitan a abrazar el planteamiento "Nueva Era" de la enfermedad como metáfora y la utilizan, no como un apoyo para volverse más responsables y autoconscientes, sino como una manera de culparse a sí mismos y reforzar su pesimismo espiritual».

Es la «culpabilidad de la Nueva Era», como la ha bautizado Ken Wilber. Nos culpamos de todos los males que padecemos, porque creemos que los hemos provocado; en algunos casos esto puede ser verdad. Pero ¿es que acaso no existen enfermedades genéticas? ¿No hay agujeros en la capa de ozono? Hay situaciones que no podemos remediar, condicionamientos que vienen desde le educación infantil.

No hay que culpabilizarse, sino entender, comprender la enfermedad o los hechos. No debemos luchar contra ella, sino equilibrarnos y armonizarnos. No hay que rezar para que se acaben los tiempos difíciles, sino orar para que se manifieste lo mejor en estos momentos.

Como dice el dalái lama, cuando nos ocurre algo malo, siempre es adecuado pensar de qué modo hemos contribuido a ello. Pero no debemos culpabilizarnos, porque en algunos casos habremos sido culpables, pero en otros no.

Psicólogos como Daniel Goleman, autor de *Inteligencia emocional*, pero cuyo mejor libro desde un punto de vista médico es *La salud emocional*, nos revela cómo las emociones y nuestro comportamiento en la vida pueden tener una incidencia importantísima en nuestra salud. Goleman, como otros especialistas en medicina holística, nos advierte de la importancia que tiene nuestra actitud frente a la vida, los problemas y las emociones. Detalla la forma en que el estrés puede producirnos una úlcera gastrointestinal o un infarto, cómo un estado emocional hace descender las defensas de nuestro cuerpo y nos deja vulnerables ante cualquier infección que pulule por nuestro alrededor y que, en un estado normal de emotividad, no nos afectaría lo más mínimo. Todo ello nos obliga a replantearnos la realidad de nuestro cuerpo y la influencia que tiene la mente sobre él, un hecho que hace patente la posibilidad de actuar mentalmente contra muchas enfermedades.

Por primera vez, muchos médicos occidentales empiezan a replantearse su formación académica y a considerar el paciente como un todo —«mente, cuerpo y espíritu»— que debe ser tratado en su integridad. La cirugía empieza a verse más bien como una estrategia de último recurso y no como algo habitual y normal; la «medicina del hombre blanco» precisa más que nunca aceptar otras medicinas orientales y otros tratamientos que parecen más acordes con la dimensión humana. Algo se está transformando en la medicina occidental cuando surgen nuevas terapias que no habían sido contempladas hasta ahora en las facultades universitarias, y los médicos empiezan a ver con cierto respeto el trabajo curativo de un chamán.

Un ovni en mi sopa

La Nueva Era ha estado íntimamente ligada al tema de los ovnis (siglas de *objetos volantes no identificados*). Durante muchos años hemos tenido miles de avistamientos, abducciones, encuentros en la tercera fase y émulos de E.T. correteando por los jardines de nuestras casas. Pero ¿qué hay de realidad en todo ello? ¿Qué se ha podido probar de verdad? Indudablemente, muy poco o nada. Esto hace que nos replanteemos de nuevo la teoría de los ovnis y su realidad, sin quitarle la importancia que se merecen, pues pensar que estamos solos en el universo es una muestra de inconsciencia.

Hemos leído como, en Estados Unidos, tanto el Pentágono como la CIA han revelado las claves de cómo hicieron pasar por ovnis muchas pruebas aeronáuticas de armas secretas, casi en el 95% de los casos. Sólo un pequeño 5% escapa a la muestra, una cifra clásica en cualquier tipo de estadística. Recordemos que, un año antes de la guerra del Golfo, los tranquilos Países Bajos vieron que sus molinos, tulipanes y diques eran sobrevolados por unos extraños objetos luminosos que apenas emitían sonidos, pero de los cuales sí se percibían tres focos luminosos o toberas de fuego. Los radares de los aeropuertos civiles jamás captaron dichos objetos, las fuerzas aéreas neerlandesas se cerraron en un mutismo total, y la prensa sensacionalista europea empezó a hablar nuevamente de una oleada de ovnis que, en esta ocasión, habían elegido el pequeño estado neerlandés para acercarse a los terrestres. Dos meses después de la guerra del Golfo se supo que los aviones invisibles empleados en esta contienda se habían entrenado el año anterior entre el cielo de los Países Bajos y el canal de la Mancha.

¿Qué podemos decir de las revistas especializadas, de los autores de libros sin base científica, pero eso sí, dotados de una gran inventiva, de los supuestos profesionales de la ufología, esos expertos de etiqueta que no de nombre y reputación labrados por su trabajo de campo e investigación? Son los que publican datos desfasados o copiados de publicaciones editadas en países lejanos al nuestro, aquellos que han encontrado en este nicho una fuente de recursos económicos para seguir viviendo, ufólogos que se atreven a publicar libros, «vendiéndonos» su realidad, su imagen de investigadores de lo insólito, cuando todo su trabajo se reduce, como mucho, a entrevistar a cuatro personajes que en un momento dado no supieron dar crédito a lo que supuestamente estaban viendo. ¿Cuántos informes a lo Matrix, autopsias a extraterrestres que, una vez investigadas, no dejaron de ser supuestos montajes de avispados productores, etc. se han publicado? ¿Cuánta literatura y escritos sobre las «áreas 51/52»?

Sin embargo, también hay que dar crédito a aquellos que dicen que existe campañas de despropósito contra esas informaciones para ridiculizarlas y ocultar la realidad.

No quiero decir con lo anterior que la vida extraterrestre no exista, pues sería una imprudencia mayúscula creer que estamos solos en el universo. Ningún científico de renombre pone en duda la posibilidad de que exista vida en otros astros del universo, pero parece evidente que, en nuestro sistema solar, el único planeta con vida inteligente es el nuestro. No obstante, en nuestra propia galaxia existen millones de soles como el nuestro, estrellas amarillas del tipo SB, que pueden tener planetas girando en su entorno y en los cuales se ha podido producir una evolución semejante a la nuestra que haya desembocado en una civilización. De esta conclusión a suponer que estas presuntas civilizaciones hayan alcanzado un nivel tecnológico que les permita viajar por el espacio a velocidades superiores a la luz, hay todo un abismo. Como dicen algunos reputados científicos, ese hecho tiene las mismas posibilidades de ser posible como imposible.

Al margen de estas reflexiones previas que pueden desilusionar a muchos ufólogos —y también, por qué no decirlo, a numerosos vividores de la ufología, sectas incluidas—, debemos hablar de nuevas interpretaciones sobre los ovnis. Algunos piensan que se trata de una visión arquetípica que se origina en el inconsciente colectivo. Por ejemplo, Jung creía que los ovnis constituían fundamentalmente un símbolo de «cambio en la constelación de los elementos dominantes psíquicos, de los arquetipos o "dioses", como se les solía llamar, que producen transformaciones duraderas de la psique colectiva, o las acompañan».

Hay quienes piensan que no se trata de un producto de nuestra imaginación, sino que sus apariciones se desencadenan porque los «extraterrestres» utilizan nuestra consciencia como una puerta que les permite entrar en el plano de nuestra realidad cotidiana. Este tema lo abordaremos con mayor exactitud en el cuarto capítulo de este libro, cuando nos enfrentemos a los nuevos paradigmas.

Lo cierto es que la autenticidad de la experiencias ovnis parece depender en gran medida del grado en que el sujeto experimenta la interacción con seres, presencias u objetos de otro mundo como una realidad significativamente sustancial y fundamental, incluso más «real» que el propio mundo en el que vivimos, como explica Keith Thompson en su libro, *La experiencia de encuentros con ovnis como crisis de transformación*.

Sin embargo, no debemos olvidar que famosos científicos como Loftus y Klass, o el reduccionista Carl Sagan, nos alertaron sobre los hipnoterapeutas que llevan a sus clientes a creer en experiencias que nunca han ocurrido, como las propias abducciones y otras visiones ufológicas.

El reputado crítico literario Harold Bloom , autor de *Presagios del milenio*, ha puesto en relación la ufología con los ángeles. En este supuesto, consideraríamos a los extraterrestres como una especie de «ángeles» que han estado apareciendo o materializándose ante los seres humanos a lo largo de la historia de la civilización. Pero esos ángeles no serían solamente personajes de origen bíblico, sino seres provenientes de otras dimensiones que somos capaces de captar pero que llegan hasta nosotros a través de complejas vías de acceso cuya clave está en nuestro propio cerebro.

Por otra parte, Bloom es categórico al hablar de algunos individuos que han tenido encuentros o abducciones: «Al leer las numerosas narraciones de visitas alienígenas, uno se pregunta por qué las personas que afirman haber sido raptadas o invadidas son invariablemente seres insignificantes de cortas entendederas».

Cara y cruz de la Nueva Era

Los auténticos maestros o terapeutas de la Nueva Era nos insisten en la necesidad de experimentar en nosotros mismos como único camino en el que resultan difíciles las manipulaciones externas; entre las técnicas por excelencia para trabajar o experimentar en nosotros mismos se encuentra la meditación. Esta es, sin duda, una vía que sólo podemos recorrer individualmente. Podemos meditar en un centro con otras personas, podemos seguir técnicas concretas —casi todas con el objetivo de encontrar el vacío interior, el silencio de la mente—, podemos practicar la meditación solos o en compañía, pero siempre será un ejercicio personal e intransferible, ya que nadie, en teoría, puede entrar en nuestras mentes, meditar por nosotros o manipular esta vivencia.

Así, la experiencia personal en determinadas técnicas de la Nueva Era —las cuales, por otra parte, tienen una tradición milenaria en

Oriente— es lo único que nos garantiza un verdadero camino interior sin condicionamientos externos. Lo ideal, indudablemente, es encontrar maestros o monitores que nos guíen en esas técnicas y nos muestren un camino sin otra finalidad que facilitarnos las herramientas necesarias para que nosotros podamos seguir explorando en nuestro interior y creciendo evolutivamente.

Ya han pasado los tiempos de las percepciones extrasensoriales, el doblar cucharas, la levitación, la visión a distancia, las heridas sin sangre, los faquires y profetas. De nada sirven los trucos de magia y las velas de colores si todo eso no se acompaña de un esfuerzo mental de concentración y atención hacia uno mismo. La gran revolución de la Nueva Era es que nos mostró que el camino para evolucionar, el sendero iniciático, estaba en nosotros mismos, y que si trabajábamos con nuestro cuerpo y con nuestra mente al empezar a progresar y evolucionar, de una forma equilibrada, armónica y sincera, nuestros valores externos cambiarían y nuestros objetivos dejarían de ser mundanos para convertirse en más espirituales y placenteros. Los progresos alcanzados en esta línea muestran que los seres evolucionados no tienen nada que demostrar al mundo; no es necesario hacer magia, milagros o parapsicología, ya que se llega a un estado tal que esos aspectos mundanos sólo son compensaciones a un ego al que no hay que escuchar ni consentir. Por tanto, esos seres que ya han alcanzado cierto nivel evolutivo, que ya no necesitan presumir de nada y no quieren demostrar nada, parecen ir en contra de un mundo que se vale de demostraciones y razonamientos

Para John Rowan, autor de *Lo transpersonal*, la Nueva Era discrimina muy poco e incluso, en ocasiones, es abiertamente contraria al uso de la razón. Rowan apunta a esos miles de libros con títulos llamativos que incluyen una mezcolanza indiscriminada de lo bueno, lo malo y lo peor, y que parecen especialmente destinados a personas muy crédulas. En realidad se trata de obras con actitudes dogmáticas que no tienen nada que ver con el auténtico sentido de lo transpersonal o de la espiritualidad.

La verdad es que el número de buenos libros y talleres está creciendo, pero también lo está haciendo el de malos libros y talleres, en este último caso aún en mayor cuantía. Ahora más que nunca debemos saber diferenciar entre los verdadero y lo falso.

Los personajes creíbles de la Nueva Era

He querido utilizar expresamente el término *personajes* para señalar a los verdaderos o más creíbles hombres y mujeres de la Nueva Era. Rara vez ellos se designan como maestros; unos se califican de investigadores, otros de monitores de talleres de trabajo iniciático, algunos se autodenominan psicoterapeutas, también hay psicólogos y, por último, algunos —especialmente los orientales, cuya terminología no le otorga la misma reverencia a esta palabra que la que le damos en Occidente— se llaman a sí mismos maestros.

Citar a todos los que han consolidado o formado la corriente de la Nueva Era sería una labor que se escapa a las posibilidades de este libro y, por otra parte, no es mi objetivo. Sin embargo, sí cabe la posibilidad de hablar de algunos de ellos, especialmente y casi sólo de aquellos que tienen una especial importancia en este siglo XXI, es decir, los que aún siguen marcando caminos de trabajo y de investigación y continúan vivos, aunque citaré el nombre de algunos que ya nos dejaron. En resumen, se trata de personajes que han aportado cierto rigor y seriedad a la Nueva Era, y cuyas investigaciones forman parte de ciertas influencias que nadie pone en duda por su gran contenido.

Empezaré por un personaje que abrió los ojos a muchos europeos y los encauzó por un camino que hizo cambiar sus vidas. Me refiero a Louis Pauwels, autor, junto a Jacques Bergier, del revolucionario libro titulado *El retorno de los brujos*. Lamentablemente, Pauwels murió en enero de 1997 y no pudo llegar al tercer milenio con el que tanto había soñado, pero dejó una importante contribución a la divulgación de todos los acontecimientos que rodeaban la Nueva Era a través de su revista *Planéte*, que en España se publicó con el nombre de *Horizonte*. Digamos de este gran periodista francés que fue discípulo de Gurdjieff, lo que le despertó esa imparable necesidad de conocerse a sí mismo y buscar en su interior un camino evolutivo que no encontraba en el exterior. No cabe duda de que Pauwels fue un gran explorador de la verdad y de los caminos iniciáticos, lo que le llevó a recorrer *tarikas*, templos, monasterios y logias masónicas.

Otro personaje fallecido también en el siglo pasado, en 1996, y que tuvo una gran incidencia en la Nueva Era fue Timothy Leary, quien tuvo el privilegio de recibir uno de los sepelios más dignos de los acontecimientos de la Nueva Era. El 21 de abril de 1997 sus cenizas fueron lanzadas al espacio a bordo del primer satélite español Minisat 01, junto a las cenizas de 24 personas más, entre las que se encontraban las de Gene Roddenberry, creador de la saga televisiva *Star Trek*.

De Timothy Leary hay que destacar que fue psicólogo y profesor universitario, y que acabó personificando el espíritu revolucionario de la exploración mental. Para algunos se trata de un personaje controvertido por su afición al LSD, que le condujo a llevar una vida tempestuosa pero también a experimentar con los «champiñones sagrados» recogidos por los chamanes mexicanos. Estas experiencias le impulsaron a considerar los enteógenos como elementos necesarios para alcanzar y analizar los niveles más altos del conocimiento, como «puentes farmacológicos a la trascendencia».

No cabe duda de que los enteógenos (*Amanita muscaris*, ayahuasca, peyote, etc.) han representado una auténtica revolución en la última década del siglo XX a la hora de estudiar ciertos estados de la mente y las conexiones que se establecen con otras realidades. Aunque es un tema que no abordaré en este libro, sí me gustaría resaltar que si estas experiencias se llevan a cabo con suficiente control y rigor pueden abrir, como bien decía Huxley, las «puertas de la percepción», pero siempre dentro de un contexto serio y riguroso, como aconseja el descubridor del LSD, Albert Hoffmann, un investigador que también realizó una importante contribución con su revolución psicodélica a la Nueva Era.

Otro de los pioneros de la Nueva Era, gracias a sus publicaciones, fue Carlos Castaneda. Las librerías están llenas de sus obras, en las cuales relata sus experiencias místicas con el chamanismo mexicano y sus «viajes» mediante la ingestión de hongos. Pero Castaneda fue un personaje polémico, ya que ni siquiera es seguro de que este fuera su verdadero nombre: por ejemplo, en el registro de inmigración de Estados Unidos consta como Carlos César Arana Castaneda. Según los datos facilitados por él mismo, había nacido en Sao Paulo (Brasil) en 1935; sin embargo, este dato tampoco parece ajustarse a la realidad, ya que en su documentación consta que nació en Perú en 1925. Lo que sí sabemos con seguridad es que realizó su tesis doctoral en la Universidad de Los Ángeles en 1960, *The sorcery: the description of the word*, a partir de la cual publicó un libro en el que describe sus encuentros con Don Juan, un guía yaqui o maestro chamán que lo inició en el uso de enteógenos para alcanzar una realidad no ordinaria. No cabe duda de que Castaneda ha tenido una gran incidencia en la Nueva Era, y que, al margen de sus numerosos libros, hoy en día se imparten cursos de su técnica, la denominada *tensigridad*, que combina la respiración con la relajación y el trabajo sobre el cuerpo energético.

Destacaré, finalmente, que el fenómeno Castaneda ha tenido una contraparte femenina: Lynn Andrews, una versión de este personaje en mujer, y también controvertida. Se trata de una curandera guiada por una maestra llamada Agnes Whistling Elk, que la condujo por el camino de la medicina holística. La realidad es que Andrews ha tenido una enorme repercusión entre el mundo femenino en Estados Unidos, del mismo modo que Louise Hay y sus terapias.

Los maestros venidos de Oriente

Oriente es el lugar de procedencia de la mayor parte de los maestros espirituales que han llegado a Europa y Estados Unidos. En estas últimas décadas se han multiplicado considerablemente su número, pero, a mi criterio, sólo unos pocos merecen la consideración de auténticos y rigurosos maestros. Entre ellos, sin discusión, está el actual dalái lama, que alcanzó esta dignidad por la claridad con que identificó de niño los objetos que habían pertenecido al fallecido lama Thupten Gyatso. Es el dalái lama número catorce, y el antiguo oráculo tibetano había predicho que esta decimocuarta encarnación sería el último dalái lama del Tíbet. Realmente, después de la invasión china de 1959, el actual dalái lama tuvo que huir del Tíbet en 1959. Su carisma y rigurosidad es tal que en 1989 recibió el premio Nobel de la Paz. Su obra y sus palabras han sido de vital importancia para comprender el nuevo paradigma transpersonal.

Otro destacado maestro es Goenka, que, junto al dalái lama, es probablemente el maestro budista asiático mejor conocido en Occidente. Este personaje realiza cursos de meditación cerca de Bombay y no se considera budista, ya que cree que «el dharma es universal, no sectario». Imparte la vipassana, la meditación del discernimiento que aprendió del maestro birmano U Ba Khin. En 1969 se trasladó a vivir a la India y en 1976 estableció su base en la Academia Internacional de Vipassana en Igatpuri, cerca de Bombay, con capacidad para 400 plazas y 250 celdas individuales de meditación. Goenka es uno de los maestros que aboga por la experimentación personal, ese aspecto tan importante del que hemos hablado anteriormente y que nos permite ser libres sin estar supeditados a nadie. Goenka manifiesta que «mientras uno se encuentra en ese estado (de iluminación) —durante un segundo, unos minutos o quizás unas horas— no funciona. Después se vuelve al mundo sensorial, pero totalmente transformado, porque ahora se entiende todo a nivel de experiencia».

Gopi Krishna aportó a la Nueva Era un descubrimiento que causó furor entre sus seguidores: la experiencia kundalínica. En 1937 la llevó a cabo por primera vez, con tal intensidad que estuvo a punto de perder la vida. En 1976 publicó su obra cumbre, *Kundalini: el yoga de la energía*, que se ha convertido en un clásico y un manual de gran utilidad. Gopi Krishna creó la Fundación Kundalini en Jammu, en la cual se realizan investigaciones sobre esta experiencia y se difunden los conocimientos adquiridos. Muy brevemente destacaré que la kundalini se representa en el tantrismo como una serpiente que se halla enroscada en la base de la columna vertebral, cuya energía se libera por vía natural o mediante técnicas de yoga; su ascensión hasta el cerebro produce una experiencia de iluminación. Estamos ante una de esas experiencias intransferibles, una vivencia personal que sólo podemos sentir nosotros y que nos aporta un gran conocimiento interior.

Otros monjes de gran reputación mundial son Dhiravamsa y Kosen Thibaut. Ambos estuvieron en las Primeres Trobades Transpersonals organizadas en Barcelona en 1997 por el Institut de Psicologia Transpersonal de esta ciudad. El primero es un monje que vivió veinte años en Tailandia y que se dedica a enseñar meditación vipassana integrando los trabajos terapéutico y corporal. Sus retiros son conocidos en Europa, América y Australia. El segundo, Kosen Thibaut, es un reputado maestro zen que fue ordenado monje en 1971 y que recibió en 1984 el shiho del maestro Niwa Zenji, la máxima autoridad zen en Japón. Asimismo, se trata del nonagésimo sucesor de Buda.

Finalmente, entre los monjes orientales destaca Thich Nat Hanh, monje vietnamita y reconocido maestro zen, poeta y activista por la paz, que en 1967 fue propuesto al premio Nobel de la Paz. Thich Nat Hanh dirige seminarios de meditación por todo el mundo. Fue profesor de religión y director de Estudios Sociales en la universidad budista Van Hanh de Saigón. Desde los años setenta del siglo pasado reside en Francia, donde fundó la Vietnamese Buddhist Peace Delegation en París.

El personaje del que voy hablar a continuación fue fuente de gran polémica y discusión. Para algunos se trataba de un sectario, mientras que para otros era un gran maestro e incluso algunos llegaron a calificarlo como un auténtico mesías: Sathya Sai Baba. En la India fue un personaje reconocido y admirado, e incluso algunos altos dignatarios indios consultaban con él temas de ámbito internacional.

Sathya Sai Baba nació en 1926 y, en el año 1949, fundó Prashanti Nylaiam, la Casa de la Paz, que fue su ashram. Fue un maestro per teneciente a la tradición hindú de gurús y sanadores a quienes se le atribuyen milagros y la capacidad de materializar objetos, hasta el punto de que en la ceremonia del Lin Gam llegaba a «poner huevos». Lograba reunir a más de medio millón de personas durante las grandes ceremonias de Puttaparthi y tiene un mínimo de diez millones de adeptos en el todo mundo; algunas fuentes hablan incluso de que esta cifra alcanza los cincuenta millones, pero parece una exageración. Se le consideraba una especie de mesías: a partir de la doctrina hinduista de los avatares, encarnaciones periódicas de las divinidades, se situaba en el mismo linaje que Jesucristo y, en sus alocuciones, utilizaba términos del Nuevo Testamento. Sin duda, se trata de un importante fenómeno de masas, relacionado con la búsqueda interior y el crecimiento espiritual de la Nueva Era, un representante del movimiento espiritual que se enmarca en una cultura diferente a la nuestra y que merece cierto respeto, simplemente por el hecho de que muchos maestros e investigadores occidentales no lo consideran fraudulento.

He querido citar algunos de los más importantes y rigurosos maestros del budismo, hinduismo y zen, pero no puedo dejar al margen a los maestros del sufismo, y entre ellos al conocido Idries Shah, uno de los más importantes maestros sufíes contemporáneos, que falleció en 1996. Sus enseñanzas han servido de base a muchos investigadores transpersonales. Idries Shah nació en 1924 en Slma o Simla (la India); era miembro de la familia de los Sayeds, del clan hachemita, que agrupa a los descendientes de Mahoma. Su familia se estableció inicialmente en Afganistán, aunque se educó mayoritariamente en Londres, desde donde dirigió, junto a su hermano Omar Alí Shah, la principal y más seria *tarika* sufí de Europa, al mismo tiempo que impartía clases y presentaba ponencias en diversas universidades. Su bibliografía es enorme, ya que publicó miles de artículos y más de veinticinco libros.

En la segunda parte del libro, cuando abordemos los movimientos que están en alza desde finales del siglo XX, veremos cómo el sufismo se ha convertido en una importante tradición que incluso es estudiada por algunos psicólogos.

Los grandes pensadores de Occidente

Los últimos personajes que voy a citar a continuación no pueden considerarse como maestros, son médicos, psicólogos, biólogos y psiquiatras que han realizado una importante contribución indudablemente rigurosa a la Nueva Era. Sin embargo, he de decir que todos ellos tienen una importante relación con la espiritualidad y las técnicas orientales, practican la meditación y muchas de las enseñanzas que nos han llegado de Oriente. Por otra parte, muchos son amigos personales de los maestros que he citado anteriormente.

El primero de ellos es Deepak Chopra, un médico nacido en la India que ha aportado a Occidente las enseñanzas de la medicina ayurvédica. Es sin duda uno de los médicos más leídos y tiene una obra amplia y conocida, compuesta por libros amenos y accesibles a todas las culturas. En 1980 regresó a la India y estudió el ayurveda, la más antigua tradición curativa de la humanidad. Posteriormente concilió los conocimientos de la moderna medicina occidental con la teoría ayurvédica. Su contribución a la medicina occidental es incalculable y ha conseguido ser uno de los facultativos de la Nueva Era con más seguidores.

La Nueva Era ha puesto un especial énfasis en la muerte. Las historias de los «viajeros» que han «regresado» de la muerte han cautivado a los seguidores de la Nueva Era. Me estoy refiriendo a aquellas personas que han sufrido algún accidente en el que se les daba por muertas, y que desde fuera de su cuerpo han visto cómo las trasladaban en una ambulancia, viajaban a través de un túnel luminoso y, cuando estaban a punto de llegar a su final, han regresado a la vida.

La investigación de este importante fenómeno se debe a Raymond Moody, médico y psicólogo que en 1975 publicó *Vida después de la vida*, donde analizaba ciento cincuenta casos de experiencias al borde de la muerte y entrevistaba a unos cincuenta pacientes que habían sobrevivido a la muerte clínica. Basándose en el estudio realizado consiguió aislar ciertos elementos característicos que tenían lugar con mucha frecuencia. Moody estudió Filosofía y luego fue profesor de esta disciplina, mostrando un especial interés por la ética, la lógica y la filosofía del lenguaje. En 1976 conoció a Elisabeth Kubler-Ross, que realizaba una investigación paralela a la suya.

Entre los psicoterapeutas de la Nueva Era, especialmente entre los de habla hispana, hay que destacar a Claudio Naranjo, que estudió Medicina en la Universidad de Chile y física atómica en Princeton. Una vez finalizó la especialización en psiquiatría se convirtió en seguidor de las enseñanzas de Gurdjieff, especialmente de la técnica del eneagrama. Naranjo ha trabajado con las más destacadas figuras de la Nueva Era, gente como Maslow, Huxley, Watts, Rogers, Castaneda y Perls, así como con Óscar Ichazo, con quien desarrolló la experiencia arica. Claudio Naranjo fundó unos interesantes seminarios, denominados SAT (*Seekers After Truth*, «los buscadores de la verdad»), en los que se combinan diferentes técnicas. *Sat* en sánscrito significa «ser» y «verdad». El programa SAT atrae a maestros de diferentes disciplinas —zen, sufismo, tantrismo, hinduismo, medicina holotrópica, cuarto camino, Gestalt...— y engloba también el proceso Hoffman de la cuadrinidad.

Sólo me queda citar a los grandes psicólogos y psiquiatras que están marcando las pautas del futuro de la Nueva Era. Indudablemente ya no podemos considerar a estos especialistas como miembros de esta corriente, pues ellos se definen como miembros del movimiento transpersonal, una tendencia más moderna surgida de la Nueva Era, pero que acoge a grupos más rigurosos y serios. Entre estos especialistas empezaré por citar a Charles Tart, una autoridad mundial en el estudio de la consciencia humana. Este profesor de Psicología en la Universidad de Berkeley (California) se dedica especialmente al campo de la psicología transpersonal. Ha estudiado los estados de consciencia y las experiencias espirituales, realizando un profundo recorrido por la enseñanza zen, el budismo, la psicología yoga, Gurdjieff, el entrenamiento arica y la magia, además de basar parte de su trabajo en el aikido y el budismo. Tart se alinea con los maestros espirituales de la tradición perenne, quienes consideran el estado de normalidad como una condición adormecida en la que el verdadero sí-mismo, el *self*, está ahogado y el potencial humano, reprimido.

Otro de los grandes psicólogos actuales es Daniel Goleman, a quien todos conocemos por su obra *Inteligencia emocional*, aunque también es autor de interesantes libros sobre la meditación y los estados modificados de consciencia. Goleman fue director de la revista *Psychology Today* y redactor científico del *New York Times*. Ha pasado varios años en la India estudiando diversos métodos de meditación, lo que le permitió posteriormente dictar cursos sobre esta técnica en la Universidad de Harvard.

Cuando los estudiantes de psicología y psiquiatría del futuro estudien la historia de esta ciencia durante el siglo XX, observarán que en la primera mitad de la centuria hubo cuatro grandes maestros que revolucionaron y cambiaron la psicología: Freud, Jung, Assagioli y Maslow. Pero en la segunda mitad del siglo, y más concretamente en su último cuarto, la psicología y la psiquiatría fueron nuevamente transformadas por Stanislav Grof y Ken Wilber.

El primero, médico y psiquiatra, estudió durante veinticinco años las drogas psicodélicas y las técnicas relacionadas con estas. Fue uno de los pioneros en experimentar con LSD y aplicarlo a sus pacientes. Está considerado como uno de los fundadores de la psicología transpersonal y es un personaje reconocido mundialmente por sus trabajos.

Grof nació en Praga e inició sus estudios en 1956 en el instituto de Praga, donde realizó más de tres mil sesiones con LSD (además de acceder a los informes de unas dos mil sesiones más conducidas por sus colegas en Checoslovaquia y Estados Unidos), alucinógeno al que califica como «un poderoso amplificador indeterminado, o catalizador, de los procesos mentales, que facilita la emergencia de material inconsciente en diferentes niveles de la psique». En 1967 se trasladó a Estados Unidos, donde tuvo contacto con la corriente de la psicología humanista, encabezada por Abraham Maslow. En 1968 fundó, junto a este, la escuela de psicología transpersonal, dirigida al reconocimiento y comprensión de los estados transpersonales de la consciencia. Un año más tarde, fundó la Asociación de Psicología Transpersonal con Maslow, Carl Rogers, Viktor Frankl, Anthony J. Sutich y Jim Fadiman. Por último, en 1973 ingresó en el prestigioso instituto Esalen, sede de la revolución mental de finales de siglo XX. Grof ha sido jefe de investigación psiquiátrica en el Centro de Investigación Psiquiátrica de Maryland (Estados Unidos) y fue el primer presidente de la Asociación Transpersonal Internacional; también ha ejercido como profesor asistente de psiquiatría en la Universidad Johns Hopkins de Baltimore, y como profesor residente y miembro del consejo de administración del instituto Esalen.

Uno de los descubrimientos más importantes realizados por Grof ha sido el de las matrices perinatales básicas, los tres niveles de la consciencia humana: autobiográfico, perinatal y transpersonal; además, también descubrió un amplio abanico de experiencias transpersonales. La exploración de los dominios perinatal y transpersonal convenció a Grof de que la teoría freudiana debía ser ampliada considerablemente.

Finalmente, está Ken Wilber, tal vez una de las grandes mentes del siglo XX. Considerado el teórico fundamental de la psicología transpersonal, redactor jefe de *ReVision: a Journal of Consciousness and Change*, graduado en Bioquímica y practicante de zen, quizá es una de las mayores autoridades mundiales en el estudio de la consciencia. Ha realizado una inapreciable síntesis de las distintas disciplinas de la psicología moderna, las corrientes filosóficas pretéritas y presentes, y las grandes tradiciones espirituales.

SEGUNDA PARTE

Tradiciones milenarias, filosofías y sectas

Dadme cuatro personas persuadidas de la opinión más absurda, y estoy seguro de persuadir de ella con su auxilio a otros dos millares.
FONTENELLE

La historia de la humanidad, desde sus orígenes, siempre ha estado plagada de filosofías, religiones, sectas y tradiciones; por lo tanto, no nos debe extrañar que hayamos llegado al tercer milenio cargados con todas ellas. No es que existan más que en el milenio anterior, sino que los medios de comunicación, la imprenta, la televisión e internet han convertido nuestra aldea global en un lugar donde la información sobre religiones, filosofías, tradiciones y sectas es fácilmente accesible.

No cabe duda de que la Nueva Era ha facilitado mucho la divulgación de esos conocimientos milenarios. A principios del siglo XIX muy pocas personas habían oído hablar del budismo, del zen o del sufismo. Se conocía la existencia de sangrientas sectas a través de los relatos de viajeros provenientes de lejanos países que nos hablaban del terror del vudú en Haití o de los sacrificios a la diosa Kali en la India. Existían pocos cismas en las grandes religiones y apenas se hablaba de las religiones afroasiáticas o de otras tendencias religiosas. Los historiadores casi no habían investigado las raíces y la filosofía de las antiguas religiones o sectas como los cátaros en Francia, los «asesinos» de Alamut en Siria, los chamanes o los druidas. La masonería, los templarios y los *illuminati* eran grupos residuales extraños que practicaban ritos sin ningún sentido.

Hoy casi todas las personas con un buen nivel cultural, y en especial los seguidores de la Nueva Era, han oído hablar o han leído textos sagrados como los Upanishad, saben que Gurdjieff, en los años veinte del siglo XX, introdujo el sufismo en Europa mediante los derviches danzantes y conocen ampliamente el budismo y el zen y sus métodos de meditación, aunque no los hayan experimentado. El contenido de los manuscritos de Nag Hammadi y del Mar Muerto se ha divulgado incluso por internet; hay libros que narran la historia de todas las religiones y otros que ofrecen excelentes panorámicas sobre antiguos ritos. Es más, algunas pseudorreligiones que han surgido en los últimos años poseen sus propias cadenas de televisión, a través de las cuales los «telepredicadores» hacen abiertamente proselitismo de sus lucrativos negocios.

En esta segunda parte trataré de realizar un breve recorrido por todas las tradiciones, filosofías, religiones y sectas que invaden actualmente el mundo de la Nueva Era, poniendo énfasis en explicar las que están en alza y las que se encuentran en franca decadencia. Para ello es preciso que, inicialmente, definamos con claridad cada uno de esos conceptos.

Tradiciones, filosofías y sectas

Entendemos por *tradición* la transmisión de un conjunto de medios consagrados que facilitan a los miembros del colectivo la toma de consciencia de unos principios inmanentes de orden universal; hablamos de un conocimiento interior, una consciencia superior que constituye la razón de ser. Podríamos decir también que una tradición consiste en la transmisión de una influencia espiritual a través de una cadena ininterrumpida de seres iniciados que han conservado las formas integrales de esta desde sus orígenes, con independencia de cualquier condicionamiento histórico ordinario.

Así, bajo este punto de vista, las grandes religiones son tradicionales. Y entendemos como grandes religiones el cristianismo, el budismo, el judaísmo, el islam, el hinduismo, el jainismo, el confucionismo, el bahaísmo, el sintoísmo, el taoísmo y el zoroastrismo. Recordemos que muchas de estas religiones tienen una parte esotérica, como es el caso de la cábala en el judaísmo, el cristianismo esotérico dentro de este, el sufismo —que también posee una corriente de pensamiento filosófico— en el islam y el tantra en el budismo. Pero también son una tradición la masonería, el gnosticismo, el druidismo y el chamanismo. En el caso de estos dos últimos podríamos hablar de una tradición religiosa animista y, en el caso de la masonería, posiblemente sería más correcto aplicar el término *institución tradicional*.

Cuando hablamos de una filosofía, que en la mayoría de los casos es parte integrante de las tradiciones antes citadas, nos referimos a una forma de comprender el mundo y el lugar que ocupamos en él. Por ejemplo, nos referiríamos al determinismo, el dualismo, el empirismo, el existencialismo, el idealismo, el materialismo, la metafísica, el racionalismo, el realismo y el relativismo; se trata de una serie de concepciones que, en muchos casos, ocupan un papel muy relevante en las tradiciones y su forma de comprender el mundo.

Finalmente está el calificativo de *sectario*, el cual debemos usar de manera muy prudente, ya que todas las religiones se han servido de él para descalificarse mutuamente. Recordemos que cuando apareció el protestantismo fue calificado de secta por el catolicismo y otro tanto ha ocurrido entre chiítas y sunnitas en el islam. También fueron calificadas como sectas en su momento la masonería, los cátaros y las beguinas, cuando hoy se entiende que estas tradiciones no tienen ningún carácter sectario.

El retorcido mundo de las sectas

Si nos atenemos a las definiciones de los diccionarios, una secta es una doctrina particular de un maestro popular, seguida y defendida por otras personas, o una doctrina herética de algún teólogo célebre. Ambas definiciones pueden ser muy controvertidas, según quién sea el que determina que una doctrina concreta es sectaria. Por lo tanto, tenemos que partir de otros aspectos para definir una secta.

Quien mejor ha determinado qué tópicos puden utilizarse para conocer si un grupo es sectario ha sido el psicólogo Daniel Goleman, de quien ya hemos hablado anteriormente. Expondré a continuación algunos de esos tópicos, ampliados y razonados, que deben servirnos para saber si nos encontramos ante un grupo sectario cuando, en nuestro peregrinar por las corrientes de la Nueva Era, lleguemos a nuevos talleres de trabajo e iniciación.

1. Ante todo debemos ser conscientes de que uno de los avances más destacados de nuestra civilización ha sido el concepto de democracia, y que todo conjunto o grupo social ha de estar regido por los principios democráticos de libertad e igualdad. Sobre todo debe imperar en cualquier grupo la aceptación de la Declaración Universal de los Derechos Humanos aprobada en la Asamblea General de la Organización de las Naciones Unidas en 1948. Esta declaración garantiza la igualdad entre todos y el rechazo de los sectarismos, fanatismos e integrismos.

2. En un grupo sectario observaremos inmediatamente que sus miembros muestran una vanidad particular, un afán de protagonismo en sus acciones y una búsqueda de poder enmascarada, todos ellos elementos egocéntricos contrarios a cualquier búsqueda interior verdaderamente espiritual.

3. También descubriremos que hay algunas preguntas que no pueden formularse. Es decir, los grupos sectarios obvian aquellos interrogantes que no pueden contestar de forma lógica o que resultan molestos, como por ejemplo: ¿dónde están los libros de contabilidad en los que se anota el dinero recaudado?, ¿por qué no se elige al líder de manera democrática?

4. Descubriremos también que hay secretos celosamente guardados, a los que no podemos tener acceso, un libro de revelaciones, unas car-

tas ocultas o una tradición oral. En realidad, si buscamos un poco, descubriremos que tales secretos no existen y, en el caso de que existan, tampoco revelan nada en particular, sino que son simplemente patrañas para mantener la fidelidad y la constancia de los adictos, a quienes se les ha prometido conocer esas revelaciones si pasan todos los rituales y alcanzan los grados requeridos que exige el líder de la secta. Hemos de recordar que, como ya hemos visto anteriormente, el auténtico secreto se halla en nuestro interior.

5. También observaremos que hay imitadores del líder del grupo, personas que se comportan como él y practican un mimetismo increíble, ya que para ellos este personaje es su «dios» particular. Así, nos daremos cuenta de que esos imitadores caminan, hablan e incluso visten como el líder.

6. Otra de las características es la existencia de un pensamiento colectivo común en todos, que no ofrece otras alternativas y acepta lo que la secta o el líder imponen sin tolerar ninguna crítica. Este es un rasgo muy habitual entre los grupos fundamentalistas.

7. Indudablemente, en todo grupo sectario hay un «elegido», un líder que ha sido escogido por misteriosas energías del universo en forma de revelación, por unos «ángeles» que se le aparecieron y lo designaron como tal o por un conjunto de extrañas circunstancias por las cuales no se puede preguntar y que serán reveladas en su debido momento, cuando nosotros alcancemos los grados necesarios de conocimiento o sabiduría dentro de la secta.

8. Como ya hemos dicho en un punto anterior no existe otra vía diferente a la que expone el grupo y cualquier alternativa es considerada como un enfrentamiento a los designios que la secta ha recibido.

Como consecuencia de los puntos anteriores se pueden apreciar síntomas de fanatismo hacia el líder y el grupo, así como respecto a la vía a seguir. Es evidente que los miembros ya absorbidos por la secta o el líder no reconocerán este rasgo extremista y achacarán a quien lo denuncia falta de iluminación y de fe.

El líder tiene un grupo de elegidos o maestros que reciben una atención especial, y al resto de los miembros del grupo se les da un trato común e igual para todos, que se materializa en una enseñanza programada; esta, sin lugar a dudas, ha sido estudiada psicológicamente para ir condicionando poco a poco la mente de los adeptos.

Aunque no se da en todos los grupos sectarios, también puede que se exija al recién incorporado una prueba de lealtad, que puede materializarse en abandonar a la familia o aportar una gran cantidad de dinero al grupo; en otros casos puede tratarse simplemente de un testamento notarial según el cual se dejan todos los bienes al grupo o se donan en ese mismo instante. También puede exigirse que el nuevo miembro se entregue de forma sexual, se prostituya por el grupo o, simplemente, realice algo ilegal.

Es evidente que se aprecia inmediatamente que la imagen exterior del grupo es distinta a la que se tiene desde el interior. La apariencia externa siempre es democrática, feliz, de amor, de investigación seria y rigurosa, etc. En realidad, una vez dentro se aprecia que esos elementos sólo son una pantalla para captar más adeptos.

Otro de los rasgos característicos de los grupos sectarios es la carencia de sentido del humor. Las irreverencias están prohibidas, y cualquier ironía o sarcasmo sobre el líder, las ideas o el grupo es considerada como irrespetuosa y castigada. La cualidad que nos diferencia de los animales, el humor, carece de sentido en estos grupos.

Sectas: entre el negocio y la locura

Ya hemos visto los tópicos que caracterizan a los grupos sectarios, pero, a pesar de que estos rasgos son muy conocidos por el público en general, en la Nueva Era siguen proliferando poderosas sectas que han amasado fortunas y siguen operando con total tranquilidad. En ciertos casos se trata de organizaciones que en algunos países han sido consideradas como sectas destructivas y prohibidas, mientras que en otros lugares siguen operando sin que ninguna prohibición recaiga sobre ellas. Dos ejemplos claros son la Iglesia de la Unificación (Moon) y la Cienciología, aunque esta última se encuentra legalizada en Estados Unidos como una religión.

La Iglesia de la Unificación, o Asociación del Santo Espíritu para la Unificación del Cristianismo Mundial, está dirigida por un pseudomesías conocido como Sun Myung Moon, quien afirma que Dios lo ha elegido para ser el Mesías. Moon dice que se comunica «en directo» con Dios, y su tesis principal reivindica la unificación de todas las religiones, un objetivo que ha alcanzado en lo que respecta a la adhesión de fieles, en lo que ha logrado un éxito evidente, ya que podemos hablar de más de medio millón de moonistas asiduos y unos dos millones de fieles.

Sun Myung Moon ha sido condenado en varias ocasiones por infracción del orden social, adulterio y fraude fiscal. Pese a ello su poderosa organización sigue operando en muchos países, y su culto es uno de los más ricos y poderosos del planeta. Prueba de ello es el hecho de que el culto Moon se encuentra entre las cincuenta mayores fortunas privadas del mundo, posee grandes compañías empresariales (productores de ginseng, discográficas, editoriales, maquinaria, etc.), controla algunos periódicos, como el conservador *The Washington Times*, y es el fundador de destacadas asociaciones como la Fundación Mundial de Ayuda y Amistad, la Fundación Religiosa Internacional, el Consejo de las Religiones del Mundo, la Asamblea de las Religiones del Mundo y la Federación Internacional para la Victoria contra el Comunismo. El trabajo en esta última asociación le acercó a personajes como el expresidente estadounidense Ronald Reagan, la expresidenta filipina Cory Aquino y el ultraderechista Jean-Marie Le Pen.

Paradójicamente, la doctrina de Moon podría compararse con la filosofía de Hegel, ya que el reverendo coreano es un encarnizado defensor de la familia y considera la historia como el espacio donde se desarrolla el Divino.

Otra de las grandes organizaciones mundiales que también ha sido prohibida en varios países por sectaria es la Cienciología, un imperio creado por L. Ron Hubbard cuya sede se encuentra en Los Ángeles (Estados Unidos).

L. Ron Hubbard fundó este movimiento religioso que ha despertado recelos en muchos países y es considerado una secta en algunos otros por sus métodos proselitistas y el tratamiento mental dado a sus miembros.

La Cienciología tiene algunas afinidades con el gnosticismo y el budismo, y aplica como técnica de trabajo la dianética —cuyos principios se explican en el libro titulado homónimamente, *La dianética*, del cual se han vendido más de tres millones de ejemplares— para conseguir el autodominio.

Para Hubbard la Cienciología es la filosofía aplicada, la ciencia moderna que se dirige al espíritu y libera al hombre de los problemas alojados en su mente.

El prestigioso psiquiatra Stanislav Grof destaca lo siguiente sobre la Cienciología: «La extraordinaria y profunda percepción de Hubbard ha sido desacreditada por su aplicación práctica en una organización de estructura dudosa, carente de credibilidad profesional y comprometida por su dedicación a la consecución del poder».

La Cienciología hace hincapié en la importancia psicológica de los traumas físicos. Hubbard distinguía entre los eneagramas (los registros mentales de algunos momentos de dolor físico inconsciente) y los secundarios (imágenes mentales portadoras de emociones). La fuerza de los secundarios procede de los eneagramas, cuya naturaleza es más fundamental, ya que representa la fuente más profunda de los problemas psicológicos. En otro orden de cosas, Hubbard daba una gran importancia a los traumas de nacimiento y de influencia prenatales; denominaba *experiencias de orden genético* a estos recuerdos ancestrales y evolutivos.

La realidad es que esta poderosa organización nacida en la Nueva Era ha logrado atraer a personajes tan famosos como Tom Cruise, John Travolta, Anne Archer y otras muchas personalidades del cine, los deportes y la política. Según los últimos datos, el número de seguidores de la Cienciologia se estima en más de diez millones repartidos por todo el mundo, de los que más de diez mil viven en España.

Estos son sólo dos ejemplos de organizaciones nacidas al amparo de la Nueva Era, pero podríamos citar muchas más, las suficientes para escribir, dedicando tan sólo unas diez líneas a cada una, un libro de doscientas páginas. No cabe duda de que en torno a la Nueva Era ha crecido un lucrativo negocio que ha sabido aprovecharse de esta corriente para obtener grandes beneficios.

De los negocios pasamos a la locura, de la mano de sectas destructivas como los davidianos o el Templo del Sol. Probablemente el suicidio colectivo más espectacular del mundo se produjo el 18 de noviembre de 1978, cuando el reverendo Jim Jones condujo a 914 de sus seguidores a la muerte en Guayana. Pero estas cosas no ocurren sólo en países subdesarrollados, también en un país como Estados Unidos, donde hay más de tres millones de estadounidenses afiliados a sectas, surgen fenómenos tan dramáticos como el de los davidianos, por ejemplo el que sucedió en un rancho de Waco (Texas) en 1994.

Posiblemente los davidianos no pretendían un final tan trágico, pero los que sí buscaron la muerte fueron los suicidas de la secta conocida como la Puerta del Cielo en San Diego. Los treinta y nueve fallecidos en aquel suicidio colectivo en el rancho de Santa Fe habían sido castrados anteriormente por su líder, Marshall Appelwhite, y se dieron muerte a sí mismos para que sus cuerpos astrales se dirigieran hacia el cometa Hale-Bopp, que pasó cerca de la Tierra en 1997, y en cuya estela creían que viajaba una nave espacial.

En Canadá una nueva secta hizo estremecer al mundo con otro suicidio colectivo. Los miembros de la Orden del Templo Solar se suicidaron en este país durante el equinoccio de primavera, en una fecha en que, según los sectarios, les llevaría a renacer en un lugar que denominaban Sirio, posiblemente relacionado con la estrella de nuestra galaxia. Una de las ramificaciones de esta secta también llevó al suicidio a otro grupo de seguidores en Suiza. En España, en 1998, la policía evitó un presunto intento de suicidio en Tenerife de una treintena de miembros de una secta, aparentemente una rama del Templo Solar, liderada por una psicóloga alemana de cincuenta y seis años, Heide Fittkau-Garthe.

Podríamos mencionar muchas más sectas de este estilo que, incluso, se encuentran afincadas en nuestro país, pero este no es un libro dedicado al fenómeno de las sectas ni es mi intención hacer una denuncia de ellas. Los ejemplos citados muestran un lado oscuro de la Nueva Era, que aún llegará a sorprendernos más en este siglo XXI.

Las tradiciones y grupos en crisis

La Nueva Era nos ha traído revolucionarias formas de pensar y ver el mundo, nuevos movimientos, el renacimiento de antiguas tradiciones y una espiritualidad distinta a la de los siglos pasados. Como consecuencia de esta eclosión de ideas, movimientos y filosofías, una serie de tradiciones o movimientos han entrado en una crisis profunda, sobre todo para los profanos, los no iniciados…

Entre ellos cabe citar el espiritismo, la masonería regular, los rosacruces, los templarios, los *illuminati*, los gnósticos y los seguidores de Gurdjieff.

El espiritismo, al igual que la parapsicología, parece haber sufrido un importante revés frente a las nuevas modas y creencias de la Nueva Era. Los espíritus parecen haber sido sustituidos por emergencias espirituales y ángeles. En la actualidad, aquellos espíritus que se aparecían en sesiones de güija y que lo ensuciaban todo con sus sustancias ectoplásmicas son seres angelicales que vienen a ayudarnos y a protegernos, un tema que ya ampliaremos en la última parte de este libro. En cuanto a la parapsicología ha perdido el interés que poseía hace tan sólo un par de décadas, ya que las nuevas técnicas de trabajo con las facultades de los seres humanos parecen no querer demostrar nada y tan sólo se conforman con hacer experimentar a los discípulos nuevos estados mentales, mucho más ricos que jugar con relojes parados, doblar cucharas o intentar comunicarse a través de los dibujos de una serie de cartas. Indudablemente parece, como veremos en la tercera y cuarta parte de este libro, que las nuevas terapias han conseguido más en unos pocos años que la parapsicología en medio siglo.

En cuanto a esas antiguas instituciones como los rosacruces, los templarios, los *illuminati* o los masones, todo parece indicar —al menos, para los no iniciados— que se encuentran en franca decadencia. Debo hacer un puntualización antes de continuar: rosacruces, templarios e *illuminati* son, en realidad, ramas de la masonería que se independizaron y crearon sus propias órdenes. Hoy constituyen escasos residuos sin apenas fuerza ni interés que siguen aplicando una metodología de trabajo completamente caduca e inoperante para el crecimiento de la mente humana. Los rosacruces destacan más por los sustanciosos ágapes, en los que brindan y se distribuyen «toisones» entre unos asistentes que no creen en ningún simbolismo y que asisten a estos encuentros para pasar el rato. En cuanto a los *illuminati*, que ya parecían completamente desaparecidos, aún sorprende ver aparecer a algún fanático que esgrime la espada y el mandil en un extraño ritual, más folclórico que otra cosa.

Al hablar de la masonería, tendríamos que distinguir entre la regular y la irregular. La primera está reconocida por Londres, que pretende seguir manteniendo su imperio como representante y heredero de una orden centenaria. La Gran Logia de Londres considera fuera de la masonería a todas aquellas órdenes que no se ciñen a los *landmarks* (los reglamentos de la antigua masonería) y pretende seguir manteniendo la masonería de una forma conservadora y tradicional. Sin embargo, esos reglamentos, que discriminan en las logias a las personas físicamente incapacitadas (paralíticos, cojos, tuertos, etc.) y a las mujeres, chocan directamente con la carta constitucional de todos los países avanzados y contra la la Declaración de los Derechos Humanos aprobada por la ONU. En consecuencia, han proliferado numerosas órdenes masónicas que no pertenecen al «club» de Londres, las mal llamadas *órdenes irregulares*, aunque hoy día son mayoritarias frente a la masonería británica.

Al margen de este aspecto debo insistir en que la masonería operativa está en franca decadencia, ya que sus métodos de trabajo en la logia son poco comprendidos por los propios masones. Sus ágapes o cenas se han transformado en auténticas reuniones de negocios, y la falta de comprensión del simbolismo convierte la Orden en un simple club de amigos semejantes al Lions Club o al Rotary Club. La masonería ha perdido su mensaje de instrucción iniciática, y si este perdura en alguna logia se encuentra completamente desfasado con relación a las nuevas tendencias evolutivas y de crecimiento interior de la psicología moderna. Ante esta crisis ha surgido una neomasonería de la que hablaremos más adelante.

El movimiento gnóstico también ha sufrido una importante crisis en los últimos años. Indudablemente sus adeptos no han sabido aprovechar bien el mensaje que se les ofrecía a través de los evangelios gnósticos, de los manuscritos de Nag Hammadi o del Mar Muerto. Hoy se está empezando a reconocer el importante mensaje dejado en esos manuscritos por Jesús, que seguramente merece una lectura más detallada y profunda ya que su contenido tiene un importante fondo psicológico y trascendental. Sin embargo, por causas que desconozco, los gnósticos están en crisis, aunque sigan apareciendo grupos como el Movimiento Gnóstico Cristiano Universal en Canarias o en otros lugares de nuestra geografía. Todo parece indicar que el movimiento gnóstico requiere una revisión muy profunda de las técnicas de trabajo en sus talleres. Por otra parte debemos recordar que los seguidores de la Nueva Era son adeptos del esoterismo y del sincretismo religioso y muestran cierto rechazo hacia el cristianismo, ya que su creencias son por lo general teosóficas, antroposóficas y orientales. Para los seguidores de la Nueva Era, Cristo es un maestro más, e incluso hay algunos grupos que creen que pudo tratarse de un extraterrestre que vino a enseñar a la humanidad algunos conocimientos. Este rechazo tal vez pueda explicar la crisis de los gnósticos.

Finalmente hablaremos del Cuarto Camino, la escuela creada por George Ivanovich Gurdjieff que gozó de tanto éxito en la década de los veinte del siglo XX, pero que poco a poco fue decayendo. Aún hubo un importante rebrote en los años sesenta del siglo XX, gracias a la publicación de varios libros de Louis Pauwels sobre este maestro ucraniano, pero luego la luz de Gurdjieff volvió a apagarse. Hoy aún existen algunas escuelas de este movimiento que pretenden seguir las ideas de su maestro, pero su presencia real es escasa y sus métodos están obsoletos. Las ideas de Gurdjieff, atractivas a principios del siglo XX, han perdido vigencia en la actualidad ante los conocimientos de la ciencia y la psicología actuales. Las raíces de la enseñanza de Gurdjieff, indudablemente sufíes, ya están representadas por esta destacada corriente islámica, de la que hablaremos más adelante. Por otra parte la psicología de esta corriente se encuentra ya muy desfasada frente a la nueva psicología transpersonal, y los estudiosos de Gurdjieff, como Tart o Claudio Naranjo, han desarrollado los conocimientos del maestro ucraniano y han creado unos métodos excelentes, como el desarrollo de la observación del *self* o el eneagrama, respectivamente.

Por último, citaré la cábala, esa filosofía religiosa judaica cargada de un potente simbolismo donde el poder está representado por la palabra, el sonido, la lectura y la meditación. Los investigadores y estudiosos de la cábala trabajan con el denominado *árbol sefirótico* o *de la vida*, que contiene diez *sefirot* y veintidós senderos, además de reunir diez emanaciones divinas que dejan traslucir estrechos vínculos con las veintidós letras del alfabeto hebraico, las cartas del tarot y los símbolos astrológicos.

No se puede decir que la cábala esté en crisis, pero tampoco que se encuentra en un momento álgido; seguramente nos encontramos ante un estancamiento de este destacado arte de interpretación de los símbolos. Tal vez la causa de este situación se halla en el hecho de que una condición sine qua non para acceder a la Cábala es conocer y dominar el hebreo, cosa que reduce de forma considerable el crecimiento del número de cabalistas y hace que la divulgación de la Cábala entre los seguidores de la Nueva Era sea relativamente escasa, aunque sí sea conocida por todos ellos y su simbolismo haya sido profundamente estudiado.

Los hijos pródigos de la Nueva Era

Sin duda los hijos pródigos de la Nueva Era son el budismo, el sufismo, el zen, el chamanismo, el druidismo, los cátaros, las beguinas y la neo-masonería. En la Nueva Era se ha vivido la revisión y el renacimiento de toda una serie de tradiciones y movimientos ya desaparecidos. Este resurgimiento se debe principalmente a las investigaciones realizadas por estudiosos de religiones comparadas, antropólogos, como Carlos Castaneda y Michael Harner, que, junto al físico cuántico Alan Fred Wolf, han dado un vuelco espectacular a los conocimientos que poseíamos sobre el chamanismo. La religión y la filosofía mundiales renacieron notablemente gracias a los trabajos de Joseph Campbell, Pierre Teilhard de Chardin, Alan Watts o Ken Wilber. El interés por las antiguas tradiciones y su simbología se ha visto renovado gracias a los notables trabajos de Henry Corbin, René Guénon y Robert Gordon Wasson. No podemos olvidar tampoco la importante contribución realizada por Robert Graves y mujeres como: Alexandra David-Néel, quien investigó sobre el esoterismo tibetano; Olga Fröbe-Kapteyn, que puso en marcha el círculo de Eranos, y Riane Eisler, que estudio las raíces profundas de las diosas y el feminismo. Finalmente cabe citar al antropólogo español José María Fericgla y al filósofo y teólogo Raimon Panikkar.

Budismo y sufismo: tradiciones al alza

El budismo ha sido el gran descubrimiento de la Nueva Era, especialmente porque, a través de sus diferentes ramas —zen, taoísmo, budismo tibetano, tantrismo, etc.—, ha aportado una serie de técnicas para trabajar, desarrollar y evolucionar la mente del ser humano. Los sistemas de meditación, relajación y atención han servido para enriquecer nuestra vida con nuevos componentes y convertirla en algo más equilibrado y armonioso, especialmente en Occidente, donde los estragos del estrés y las prisas estaban creando millones de personas neuróticas y psicóticas.

La ardua tarea proselitista del dalái lama ha convertido el budismo en una moda, a la cual han contribuido célebres artistas cinematográficos como Richard Gere, así como políticos y figuras destacadas de la sociedad. La meditación vipassana se ha convertido en una de las herramientas más idóneas para trabajar, hasta tal punto que destacados psicólogos recomiendan su uso y son los primeros en practicarla.

Hablar de cifras en el budismo sería arriesgado, ya que seguramente, en el mismo momento en que estoy escribiendo estas líneas, sus adeptos aumentan por miles. El budismo ha originado en Occidente todo un importante mercado de libros, inciensos, talleres de trabajo, casas de retiro, artículos varios, quimonos, zafus (cojines), etc. Las escuelas budistas se cuentan por miles, y los maestros orientales venidos a Europa y América son cientos, si bien sólo unas decenas de ellos se pueden considerar como buenos y rigurosos.

En España existen unas cincuenta mil personas adheridas a grupos budistas en los que se trabaja con técnicas de yoga, meditación o retiros de varios días; todos ellos suelen contribuir económicamente mediante el pago de cursos, talleres o retiros. Si calculamos una media de desembolso mensual de aproximadamente unos treinta euros por adepto —una cifra muy por debajo de la realidad, ya que los retiros son mucho más caros—, tenemos que el budismo obtiene en España una cantidad importante de beneficios anualmente. El budismo ha implantado ya unas profundas raíces en Occidente y seguirá su expansión entre los seguidores de la Nueva Era y todos los adeptos de los movimientos venideros.

Otra de las grandes tradiciones que se está imponiendo en Occidente es el sufismo. Llegó de la mano de Gurdjieff, quien había recogido las enseñanzas de maestros sufíes y las había transmitido como si fueran suyas. Tras su muerte, el sufismo apareció en Europa y en América de la mano de verdaderos maestros como: Idries Shah, autor de más de una veintena de libros; Omar Alí Shah, que dirigía las enseñanzas en Europa; el Pir (maestro) Vilayat Inayat Khan, quien se hizo famoso por sus retiros por todo el mundo, y el Dr. Javad Nurbakhsh, que a través de sus publicaciones contribuyó a realizar un estudio profundo de esta tradición. Por otra parte psicólogos como Charles Tart o científicos como Robert Ornstein han destacado también las profundas enseñanzas que se esconden tras el sufismo.

El sufismo aporta conocimientos a través de sus libros, cuentos y talleres de trabajo, donde la meditación es también una técnica para trascender. Asimismo utiliza otras técnicas, como la visualización de colores y letras o la danza derviche, que, realizada con el correspondiente acompañamiento de música y serenidad interior, es capaz de llevar a sus practicantes a estados trascendentes.

El sufismo no realiza campañas proselitistas como el budismo. Por el contrario, permanece más bien al margen y receloso de la incorporación de nuevos elementos a sus *tarikas* (talleres), hasta el punto de que un aspirante puede tardar hasta dos años en entrar en una orden sufí seria y rigurosa. Durante ese tiempo está obligado a acudir semanalmente a seminarios de lectura, a leer determinados libros y a intervenir en grupos de diálogo. Finalmente se le aceptará y comenzará a trabajar en una *tarika*. Destacaré que la orden más importante que existe en España y en Europa es la naqshbandi, que estaba dirigida por Omar Alí Shah, el hermano del también fallecido Idris Shah. Esta orden tiene en España una gran *tarika* en Arcos de la Frontera (Andalucía), además de talleres de trabajo en Barcelona, Madrid, Bilbao, Valencia, Sevilla, Granada y otras ciudades. En total se calcula que hay unos diez mil miembros en toda la Península, que vienen a gastar unos cincuenta euros mensuales, lo que representa también una importante facturación anual si se tienen en cuenta además la venta de libros y objetos.

El sufismo ha ido creciendo en los últimos años especialmente por su potente contenido psicológico, que ha sido comentado en diversos libros por los principales autores de la Nueva Era. Su profunda sabiduría ha contribuido a profundizar el trabajo interior y el comportamiento psicológico.

Chamanismo y druidismo: las raíces del conocimiento

Dos nuevas tendencias que están en auge son el chamanismo y el druidismo. El primero se ha convertido en tema de estudio en todas las universidades del mundo. La visión del chamán como un loco ha desaparecido y ahora, gracias a los trabajos de investigación de campo y los publicados por antropólogos y psicólogos, sabemos que la labor primordial de esta figura es mediar entre los seres humanos y el mundo espiritual. Para ello el chamán se sirve de un «viaje» en un estado alterado de consciencia, inducido habitualmente por golpes rítmicos de tambores u otros instrumentos, y en algunos casos de hierbas enteógenas.

El chamanismo nos ha descubierto que existen otras realidades que no éramos capaces de captar, tal como anunciaban los viejos tratados hinduistas (Upanishad), el budismo, el tantrismo o la nueva física cuántica. El chamán visualiza y describe condiciones de otros mundos, especialmente gracias al hecho de que sus creencias sobre la realidad son distintas a las dominantes en la sociedad industrializada.

Los trabajos de Carlos Castaneda, Michel Harner, Fred Alan Wolf y Mircea Eliade han popularizado el chamanismo hasta el punto de que los seguidores de la Nueva Era practican su filosofía, se retiran con chamanes a la selva y «viajan» utilizando, en algunos casos hongos, peyote y ayahuasca.

El regreso del druidismo ha sido como redescubrir las raíces de la ecología. Hoy en día, se sabe que este «chamanismo europeo» llegó a Francia a través de los celtas procedente de las corrientes originarias indoeuropeas. El druidismo provenía de Asia, el mismo lugar donde el chamanismo apareció por primera vez para extenderse a través del estrecho de Bering hasta América. Por lo tanto, ambos fenómenos son muy similares entre sí. Tanto el chamán como el druida muestran un enorme respeto por la naturaleza: ambos se valen de las señales de los animales y de la tierra para realizar su trabajo; el primero opera en la selva y el segundo, en los espesos bosques europeos. Ambos usan las plantas para curar y viajar: el chamán se valdrá de los cactus de peyote y la enredadera de ayahuasca, mientras que el druida empleará la *Amanita muscaris* y el muérdago que recoge ceremonialmente de los robles.

Al margen de la abundante literatura existente sobre el chamanismo y el druidismo, hoy existen numerosos talleres de trabajo donde se imparten estas enseñanzas. La filosofía de ambas corrientes vive un enorme auge, no sólo entre los seguidores de la Nueva Era, sino entre todas las personas que respetan enormemente la naturaleza. En especial en Francia han surgidos movimientos de neodruidismo que tienen como centro la ciudad de Orleans y que se extienden por todo el sur del país, especialmente por los Pirineos, donde los druidas tuvieron sus principales centros de curación.

Cátaros y beguinas: la esperanza religiosa

Y llegamos al catarismo, esa religión que fue considerada herética y que ha originado un importante *boom* turístico en el sur de Francia. El catarismo, con sus leyendas, sus castillos, sus personajes y las enseñanzas de los *bons homes*, ha renacido, siglos después, acompañado de bogomilos, patarinos y valdenses. Para algunos el catarismo fue una iglesia ejemplar, mientras que para otros se trataba de un grupo de locos; sin embargo, tras un profundo estudio histórico se ha llegado a la conclusión de que la cruzada que acabó con los cátaros destruyó también una interpretación honda y sana de la religión cristiana.

El catarismo está de moda y es reivindicado por los seguidores de la Nueva Era, convertido en un descubrimiento histórico que ha entusiasmado a muchos. Montségur se ha convertido en uno de los castillos más visitados de todos los tiempos, y su historia, que está basada en la terrible matanza e inmolación de cátaros, constituye el núcleo temático de numerosos libros actuales.

Los neocátaros mantienen un esperanzador relato vinculado con el Santo Grial. La historia de Montségur afirma que sólo tres personas pudieron escapar del asedio del castillo y de la inmolación en el *camp del cremats*: un hombre y dos menores (un niño y una niña). Para los neocátaros estos dos niños son los herederos del Santo Grial, ya que este término podría también simbolizar y referirse a la «sangre real»; por lo tanto, estos dos infantes serían descendientes directos de Jesucristo, a quien se le atribuiría que tuvo un hijo. Supuestamente, este llegó en el vientre de Magdalena a las costas hispanofrancesas y, a partir de ahí, la descendencia continuó hasta Montségur. El linaje de Cristo teóricamente continuó con la descendencia de estos dos niños huidos del castillo hasta llegar a nuestros días, y los neocátaros aseguraban que en el año 2000 se revelaría la identidad de estos descendientes; pero eso todavía no ha ocurrido…

Sin duda estamos ante una interesante historia de la Nueva Era que algún día podría revelarse. Mientras tanto Montségur y el resto de los castillos cátaros siguen teniendo una gran afluencia de visitantes durante todo el año.

Junto al catarismo debemos hablar de un grupo de mujeres fuertemente defendidas por los grupos feministas: las beguinas. Estas se han convertido en un símbolo de la Nueva Era gracias a autoras como Riane Eisler, Anne Brenón o la catalana Victoria Cirlot. Por un lado tenemos a las cátaras como Aude, Raymonde de Saint-Germain, Raymonde de Durfort, Guiraude, Raine, Esclarmonde, Guillelme de Tonneins, Agnès y Lombarde, entre otras unas mujeres que defendieron el catarismo y tuvieron una profunda visión de esta religión y su filosofía. Por otro lado los beguinas como Hildegarda von Bingen (1098-1179), Matilde de Magdeburgo (fallecida en 1282), Beatriz de Nazaret y Hadewijch d'Anvers. Cada una de estas mujeres tuvo su momento de gran trascendencia y vivió estados muy similares a los relatados por Santa Teresa de Ávila.

El estudio de sus experiencias nos ha revelado que un gran número de mujeres ha estado, a lo largo de la historia, «conectada» con la realidad trascendente. Esto ha llevado a las feministas a reivindicar la importancia de la mujer en el desarrollo de la civilización. Las mujeres chamanes, las beguinas, las druidesas y las sacerdotisas están de moda en la Nueva Era, y son, sin duda, protagonistas en auge.

Neomasonería: heredera del futuro

La neomasonería es una corriente masónica irregular que asoma prudentemente entre la masonería regular y la irregular. Debemos destacar que la masonería se encuentra muy dividida en España. Por un lado, está la regular, que cuenta con miles de masones activos, y, por otro, la irregular, que es posible que doble la cifra de la anterior. Indudablemente, ambas corrientes se encuentran en minoría frente al budismo o el sufismo, por motivos evidentes.

La masonería actual no ha sabido dar una respuesta social adecuada a la gente, y prácticamente ha ofrecido su organización a los neófitos a cambio de nada.

Frente al resto de corrientes, la masonería actual carece de una ideología clara y concreta. Por otra parte, tanto el budismo como el sufismo se basan en una tradición transmitida de una forma «sagrada», un rasgo que no posee la masonería. Esta tampoco ha sido capaz de ofrecer algo que demanda la sociedad actual: un conocimiento transmitido a través de una enseñanza práctica y continuada.

Los neomasones parecen haber comprendido finalmente todos estos defectos, porque se han lanzado a desarrollar una revolución dentro de la institución mundial ofreciendo: una respuesta a las inquietudes sociales actuales; una alternativa a la crisis social de valores; un espacio distinto al que se frecuenta en el mundo cotidiano; una enseñanza iniciática más adecuada a la nueva psicología y a los paradigmas del mundo, y logias convertidas en auténticos talleres de trabajo interior donde se lleva a cabo un desarrollo iniciático y una evolución mental más acorde con la Nueva Era.

Como ya hemos explicado anteriormente, la neomasonería en España ha nacido, a la luz de importantes logias suizas e italianas, bajo una nueva perspectiva más acorde con el mundo actual y sus técnicas de crecimiento interior.

Por último, citaré brevemente otras corrientes que están en alza en la Nueva Era, entre las cuales destacan: el tantrismo, esa concepción sagrada del sexo que nos aporta una nueva forma de entender las relaciones en la pareja, y la onírica, disciplina sobre la que han surgido numerosos trabajos.

TERCERA PARTE

Nuevas y viejas terapias

La Tierra es un inmenso laboratorio
y el hombre, su conejillo de Indias.
ALBERT EINSTEIN

La Nueva Era ha implicado una eclosión de nuevas terapias o técnicas para trabajar con la mente humana y sanar el cuerpo. Muchas de ellas han llegado de Oriente, mientras que otras se han estudiado y experimentado en universidades, clínicas, consultas y talleres de psicoterapeutas. Es evidente que toda esta revolución para armonizar el cuerpo humano, equilibrar la mente y evolucionar ha dejado atrás diferentes metodologías que ya no parecen muy adecuadas al nuevo pensamiento.

Las nuevas terapias nos llevan a una comprensión más íntima de nosotros mismos, a un conocimiento profundo de nuestro cuerpo y a una exploración de nuestra mente, para comprender el universo que nos rodea a través de esa parte importante de él que somos nosotros. Las nuevas terapias parten de un axioma que recoge el paradigma que abordaremos en el capítulo siguiente: el ser humano forma parte del Todo y el Todo está en nosotros mismos. Así, nuestra exploración en busca de respuestas nos ha llevado al único sitio adonde podíamos ir: a nuestro interior.

Este paradigma, esta nueva forma de ver la realidad, hace que todas las metodologías que no se ajusten a este nuevo reto sean rechazadas por los seguidores de la Nueva Era. Así, por ejemplo, una técnica de trabajo como el Cuarto Camino de Gurdjieff, que exigía de sus discípulos maltratar y machacar su cuerpo para hacerlo despertar a la realidad en que vivimos, choca frontalmente con las nuevas terapias de Richard Moss, Patrick Drouot o Steven Levine, que abogan por aumentar el amor hacia nuestro cuerpo y hacia las dolencias que nos afligen (tumores, enfermedades, etc.), con objeto de no luchar contra ellas, sino armonizarlas, equilibrarlas y sanarlas por la vía del amor. Indudablemente, el Cuarto Camino no sólo se enfrenta a esta cuestión, sino que también hay otras más que lo convierten en inoperante, especialmente toda la teoría de Gurdjieff sobre el cosmos.

Las nuevas terapias pretenden, y consiguen, que el ser humano mantenga una comunicación con su interior, que las sensaciones sean tan importantes como las ideas que cruzan nuestro cerebro. Así, la meditación vipassana de Goenka no sólo pretende librar nuestra mente de la verborrea mental, sino también que cuando un pensamiento invada nuestro cerebro, tratemos de advertir qué sensaciones ha producido este en nuestro cuerpo.

El viejo diván del psicoanalista

Una de las grandes víctimas de la Nueva Era ha sido el psicoanálisis. La técnica de Freud que tanto éxito tuvo en Europa y que alumbró a toda una generación de psicoanalistas en Estados Unidos entró en decadencia con las nuevas psicoterapias. El psicoanálisis trataba de investigar nuestro pasado para descubrir los diversos traumas que las vicisitudes de la vida nos habían producido como individuos. Durante este proceso se rememoraban las circunstancias originales en busca de sus causas, muchas veces dentro de un marco sexual muy típico de los freudianos. Hoy este tipo de trabajo carece de un valor práctico para sanar a los individuos, y las nuevas terapias, más que buscar entre los escombros de la mente humana, prefieren experimentar sensaciones y vivir hechos profundos, a veces perinatales, donde en el fondo se hallan las causas irremediables de nuestro comportamiento.

Vivir la experiencia; sentirse nacer; trascender a través de la música, los mantras, los olores o los sabores; conocer los rincones más íntimos de nuestro cuerpo y sus energías o bioenergías; analizar los sueños bajo la perspectiva de sueños lúcidos o inducidos; trabajar mediante psicodramas y sensaciones gestálticas; rememorar el nacimiento y sus traumas; manejar conscientemente nuestro cuerpo a través del yoga, el taichi o el kung-fu; practicar las nuevas medicinas ayurvédicas, quinesiológicas, homeopáticas o las agujas de la acupuntura y los aromas de las flores de Bach; alimentarse macrobióticamente; utilizar el poder de las piedras y la imagen de los mandalas; meditar y emplear técnicas holotrópicas para trascender. Todo este sinfín de técnicas nos traslada a otra concepción de nosotros mismos, a otros valores y, en ocasiones, a estados de profunda trascendencia.

Empaquetando algunas técnicas caducas

La parapsicología ha perdido la carrera en este gran abanico de nuevas terapias. Su concepción como una disciplina apta para estudiar los fenómenos paranormales carece de finalidad, ya que lo importante en este momento son los estados modificados de percepción extrasensorial y las metodologías para desencadenarlos. Los resultados obtenidos en esos estados son personales, individuales y difícilmente pueden comunicarse a los demás, ya que el lenguaje carece de la riqueza suficiente para describirlos. Estos estados constituyen una experiencia intransferible y lo importante es el cambio que acontece en el individuo una vez alcanzados, ver cómo sus valores cambian y su espiritualidad se manifiesta.

La hipnosis, que tan espectacularmente había llegado al público en general, a veces a través del teatro, no parece resultar muy popular dentro de las metodologías de la Nueva Era. Más bien se incide en la autohipnosis, el autodominio para alcanzar estados de trance sin la intervención de otras personas. Así, técnicas como el *rebirthing*, que expondré con mayor amplitud posteriormente en esta misma parte, utiliza una especie de autohipnosis.

El tarot parece haberse convertido en una metodología de uso habitual para todo el mundo. Encontramos echadores de tarot (con túnica o sin ella; con el pelo adaptado para parecer un «brujo» o una «bruja» o preparado para convertirse en una estrella del mundo mediático; con nombres falsos o rimbombantes; en centros de «formación» para iniciados; en gabinetes que lo mezclan todo y ya no sólo tiran las cartas, sino que «limpian» nuestra casa con rituales chinos del todo a un euro y, además, nos venden una «supuesta» religión afroamericana, como si se tratase de patatas…) por todos los rincones de la ciudad, en los pasillos del metro y en los locales nocturnos. Aún hay algunos despistados que consultan a estos personajes porque creen que son portadores de un gran poder en sus cartas. El poder del tarot, tal como lo definen Jung y Grof, no se encuentra en el echador, sino en las sensaciones que se desencadenan en el individuo que consulta, en la fuerza de los símbolos en su interior y en aquello que representan o anuncian. Bajo esta perspectiva el tarotista rara vez podrá «adivinar» o «predecir» lo que las cartas muestran; sólo el consultante es capaz de sentir y comprender lo que se avecina o se anuncia. Por tanto el valor del tarot reside en uno mismo, en la interpretación interior, algo a lo que no puede acceder el echador. Es indudable que la masificación de los tarotistas, algunos de ellos desconocedores de estos principios, ha causado la decadencia de este sistema adivinatorio.

La astrología ha llegado a desnaturalizarse de tal modo que ya no es necesario acudir a un especialista para que nos dibuje nuestra carta astral. En la actualidad existen programas informáticos que nos ofrecen en la pantalla de nuestro ordenador todos los datos necesarios sobre nuestra fecha de nacimiento, nuestro signo y todo lo que queramos. Esto ha hecho que muchas personas, al perder el contacto directo con el astrólogo, se desinteresasen de esta método de adivinación que se ejercía desde hace más de dos mil años. Es evidente que la astrología precisa una revisión y una actualización; por ahora se encuentra entre las «mancias» en decadencia.

Otro tanto podríamos decir de la magia: los consejos de los magos y las magas también están en crisis entre los seguidores de la Nueva Era, a quienes este antiguo arte no les parece convencer ni entusiasmar. La bola de cristal, la lectura de manos o de los posos del café, o cualquier otro método de este estilo se han convertido más en algo folclórico. Parece claro que la utilización de filtros, amuletos o rituales sólo parece convencer a unos pocos. La realidad es que los magos, poco expertos en los nuevos conocimientos, se han olvidado de explicar a sus clientes que el amuleto, la oración o el filtro no tendrán ninguna validez si no interviene nuestra fuerza interior. Es decir, si nos ajustamos a las tendencias de la Nueva Era, nuestros éxitos y fracasos dependerán exclusivamente de nosotros, del esfuerzo, la voluntad, la bondad y el amor que desarrollemos; si no, no conseguiremos nada, aunque tengamos a un buen instructor a nuestro lado, a un buen consejero que nos ayude a encontrar el camino. De nada sirve rezar o encender un cirio si no creemos en las plegarias y nos olvidamos de ellas el resto del día. Para que las cosas funcionen sólo se precisa voluntad, amor, intención y autoobservación de nosotros mismos; esta es la receta de las técnicas de la Nueva Era.

El regreso de las terapias ancestrales

Dividiré este apartado en dos partes: la primera, referente a las terapias o técnicas que se utilizan para progresar mentalmente, y otra, a las que afectan a todo nuestro cuerpo. No obstante, debo hacer la salvedad de que la filosofía de la Nueva Era es integradora: por tanto, implica que formamos parte de un todo en el que cualquier parte está íntimamente ligada al resto del cuerpo. Por esta razón cualquier acción que realicemos sobre una parte de nosotros tendrá consecuencias en la totalidad. Esta concepción forma parte del nuevo paradigma que abordaré en el próximo capítulo.

Empezaré hablando de la meditación, una de las herramientas fundamentales a la hora de trascender. Esta es, sin duda, la técnica que más se ha popularizado entre los seguidores de la Nueva Era, y también se trata de la metodología más pura y sana, aquella en la que los condicionamientos exteriores difícilmente pueden intervenir, por el simple hecho de que es el individuo quien hace el trabajo, el que está dentro de su cerebro: nadie puede meditar por él ni entrar en el interior de su cabeza.

Hay muchas técnicas de meditación y cada tradición tiene las suyas propias, pero en realidad todas, mediante trucos diferentes, buscan el mismo fin: la vacuidad mental. Es decir, se trata de detener la verborrea mental y producir un silencio en nuestro interior, en el cual los pensamientos no puedan entretenernos ni podamos apegarnos a ellos. Ese silencio está íntimamente ligado a nuestra presencia, a no divagar ni soñar, ni pensar en el pasado ni tampoco recrearse en el futuro, sino a vivir de forma intensa el momento presente sin distracciones.

La meditación supone el ejercicio psicológico y mental por excelencia, ya que nos ayuda a relajarnos, concentrarnos y estar atentos. Esta técnica ha conseguido que millones de personas reduzcan su ansiedad y alcancen el equilibrio energético. No obstante, para meditar es necesario adoptar una actitud y una postura correctas, una respiración estable y una atención continua.

Millones de seguidores de la Nueva Era meditan cada día. Algunos emplean los métodos clásicos, mientras que otros utilizan técnicas más complicadas, propias de tradiciones espirituales diferentes. Se puede meditar utilizando mantras, mandalas o cristales, pero también siguiendo alguna rama del budismo, el yoga, el sufismo o el tantrismo. El objetivo, en todas las tradiciones, no deja de ser el mismo, aunque sus técnicas puedan variar. Indudablemente lo mejor que ha traído la Nueva Era a Occidente ha sido el arte de meditar, algo que ya se practicaba desde hace milenios en Oriente.

Encuentros en el mundo onírico

Trabajar con los sueños e interpretarlos es un arte muy antiguo que se ha renovado en la Nueva Era. La interpretación onírica se remonta ya a los ritos que se celebraban en los antiguos templos de Esculapio; los adeptos a este culto tenían que practicar la abstinencia sexual y el ayuno, además de renunciar a ciertos alimentos como la carne, el vino y las habas, todos ellos considerados poco favorables para la aparición de los sueños.

Plutarco nos detalla algunos pormenores de este ritual onírico en que se excitaba la fe, se producían curaciones milagrosas y se realizaban exvotos. El rito empezaba al anochecer, cuando los devotos que habían accedido al templo suplicaban al dios que les concediese el tan anhelado y buscado sueño. Tras esta súplica se acostaban y se envolvían en mantas, para dormir y tener acceso al sueño sagrado. Con la iluminación apagada y entre susurros, los servidores del templo invitaban a los devotos a dormir y soñar. Por la noche, la quietud sólo era perturbada por las grandes serpientes amarillas de la región, unos reptiles inofensivos que formaban parte del emblema de Esculapio y que circulaban libremente entre los durmientes. Al despertar, los devotos relataban a los sacerdotes sus sueños, que a continuación eran analizados al detalle por las sacerdotisas.

Hoy la nueva psicología destaca que lo importante es interpretar los sueños bajo aspectos analógicos y simbólicos, no analíticos y lógicos. Tampoco los podemos estudiar y analizar según los supuestos y los puntos de vista de la vigilia, ya que el contenido de un sueño puede parecernos anormal. Los nuevos psicólogos destacan que durante el sueño se produce el procesamiento de la información relativa a la consciencia transpersonal del individuo. Así, el sueño constituye un libro abierto sobre sí mismo que nos ofrece sus páginas cuando, en la quietud, uno se adormila, cansado del trasiego diario y la razón. Para otros especialistas, los sueños suponen una valiosa fuente de información para el camino espiritual, así como un manantial de experiencias transpersonales.

Los psicoterapeutas que trabajan con técnicas oníricas respetan las siguientes secuencias:

1. Hay que aceptar las imágenes tal como son, por muy fantásticas o irreales que nos parezcan.
2. Debemos investigar la parte emotiva del sueño; las emociones sentidas durante el día o las semanas pasadas han podido influir en nuestro mundo onírico.
3. Tenemos que explorar las asociaciones e interpretaciones subjetivas que nos suscite.
4. Hay que utilizar, cuando sean necesarias, la dramatización o la imaginación activa para completar el proceso: es decir, revivir el sueño, volverlo a contar en voz alta.

Observamos cómo el sueño requiere una interpretación más seria que el simbolismo que se utilizaba antiguamente. Los seguidores de la Nueva Era ponen especial interés en su mundo onírico, trabajan con él y asisten a talleres donde se trabaja con sueños lúcidos, inducidos o colectivos.

Volver a nacer

El *rebirthing* (renacimiento) nace en California en la década de los setenta del siglo pasado. Se trata de un sistema terapéutico ideado por Leonard Orr que se basa en la teoría oriental de la respiración y que tiene como objetivo incrementar la energía y mejorar las relaciones interpersonales. En esta técnica la respiración se convierte en dominadora de la mente. Pero no nos engañemos, el *rebirthing* ya era una técnica reconocida en la India hace miles de años, la Nueva Era no ha hecho más que adaptarlo al mundo actual.

Se trata de una experiencia física, mental y espiritual, cuya terapia consiste en conectar la inspiración con la respiración mediante un ritmo relajado; de esta forma el acto nunca es forzado. El objetivo es el movimiento de la energía, ya que al realizar este ejercicio se experimenta el paso de una corriente dinámica a través de todo el cuerpo. Para su creador esta técnica supone la fusión del espíritu y la materia. Esta respiración consciente puede producir una experiencia física del espíritu y una fisiológica del aura. Incluso debo señalar que el arte de saber respirar puede convertirse en una terapia que mejora nuestra salud y regula el equilibrio del cuerpo.

Pero lo importante de esta técnica es que se combina con regresiones que llevan al paciente a experimentar su propio nacimiento y observar los traumas producidos en ese momento inicial de la vida. De ahí el renacimiento, ya que se vuelve a nacer, y, a partir de entonces, la vida toma un cariz distinto. Esta ha sido sin duda una de las técnicas que más han entusiasmado a los seguidores de la Nueva Era, ya que la vía del renacimiento se convierte en una forma de extraer toda la carga que nos producen nuestras propias emociones.

Aprendiendo a ser adultos

A mediados del siglo pasado, en las décadas de los años setenta y ochenta, el análisis transaccional tuvo una gran influencia; los seguidores de la Nueva Era mostraron un gran interés por esta técnica, en la que veían un trabajo serio y riguroso de la medicina psiquiátrica. Sin embargo, en la actualidad este tipo de análisis parece haber decaído bastante y existen pocos especialistas que lo utilicen.

El análisis transaccional fue creado por el fallecido cirujano y psiquiatra Eric Berne. El objetivo prioritario de esta técnica es capacitar a la persona para que goce de libertad de elección y pueda cambiar voluntariamente sus respuestas ante los viejos o nuevos estímulos. Esta terapia pretende que el individuo viva plenamente como adulto, pues, para Berne, el «desarrollo personal» constituía una toma de consciencia de las verdaderas necesidades psicológicas de los individuos.

Berne creó un concepto a partir del hecho de que, según el análisis transaccional, los individuos asumen la realidad circundante a través de tres sistemas diferentes, los llamados *estados del yo*, que reciben los nombres de «padre», «adulto» y «niño» (PAN).

El «padre» es la recopilación de los registros existentes en el cerebro sobre los acontecimientos exteriores no reconocidos o impuestos que percibimos a lo largo de los primeros cinco años de vida; el «niño» corresponde a los registros vivenciales reales desde el nacimiento hasta cumplir los cinco años, y el «adulto» corresponde al registro de los datos adquiridos y calculados por medio de la exploración y los testimonios personales.

Retorciendo el cuerpo y la mente para ser feliz

Una de las técnicas que más aceptación tuvo entre los seguidores de la Nueva Era desde sus inicios fue el yoga. En los años sesenta del siglo pasado, cuando aún no se habían introducido en Europa las diversas técnicas existentes para meditar, el yoga irrumpió como una panacea capaz de sanar la mente y el cuerpo. La realidad es que este ejercicio corporal, mal enseñado por los imitadores de la época, que pensaban que sólo con medio año de aprendizaje ya podían montar su academia particular de yoga, produjo más de una lesión irreversible en muchos discípulos. Poco a poco se llegó a comprender que el yoga no sólo era una postura retorcida del cuerpo, sino también una forma de sabiduría y de conocimiento de este, que se combinaba con la meditación y, sobre todo, con la actitud del individuo.

Hablar de los orígenes del yoga es remontarse unos cuantos milenios hacia atrás. Describirlo como si se tratase de una sola técnica es desconocer la existencia de los numerosos tipos existentes. Entre todos, parece que los más antiguos son el raja yoga, el bhakti yoga, el gnana yoga y el karma yoga. A continuación expondré los principales tipos de yoga.

El raja yoga o yoga real fue creado por Patanjali y se basa en prat-yahara (aislamiento sensorial), dharana (concentración) y la dhyana (meditación). También incluye prácticas de hatha yoga, laya yoga y kundalini yoga. Como vemos se trata de un disciplina muy completa en la que entran en juego factores básicos para la meditación.

El hata yoga es el yoga físico, que requiere concentración, atención, control de la respiración y meditación. Se basa en asanas (calentamien-tos), mudras (gestos), bhandas (llaves para controlar, expulsar o dirigir energías), pranayama y kriyas (los cuales pueden ejercer funciones de limpieza y movilización de energías por medio de pranayama, bhan-das y técnicas de visualización).

El bhakti yoga se basa en la meditación y el canto de mantras. Bhak-ti es un sinónimo de devoción a la divinidad del gurú, mientras que los mantras son sílabas o fragmentos de palabras sagradas que se repiten durante el ejercicio, como el célebre y primordial «om».

El gnana yoga se define como el camino del discernimiento y la rea-lización intelectual. Se trata de experimentar el estado de consciencia más elevado a través del desarrollo del potencial intelectual gracias a la meditación.

El karma yoga es el yoga de la acción desinteresada y se realiza sin esperar nada a cambio. Es un ejercicio muy característico de muchos monjes budistas, que se entregan devotamente a la meditación sin plan-tearse el objetivo concreto de conseguir nada o buscar un beneficio en particular.

El yoga integral es un compendio de todos los demás, una escuela que recoge lo principal de cada técnica y forma a sus discípulos en una enseñanza que abarca los conocimientos de todas las demás escuelas de yoga.

El yoga mantra se fundamenta en la repetición de mantras y la medi-tación sobre el sonido, para mantener la atención constante del discí-pulo. Este también puede verse sometido a sonidos producidos por cuencos o carracas que le llevan a un estado interior singular cuya fina-lidad es que logre trascender.

El yoga laya se basa en la expansión de la mente a través del ritmo, que se puede alcanzar mediante sonidos, música, mantras o una respiración constante.

El yoga kundalini se centra en el desarrollo de energías y técnicas para despertar la kundalini, esta teórica serpiente que se encuentra enrollada en el último chakra del cuerpo humano y cuyo ascenso, a través del cuerpo y el resto de los chakras, lleva al practicante a un estado de trascendencia.

El yoga tantra es el yoga de la energía sexual. Se trata de una práctica milenaria del hinduismo y del budismo tibetano, el tantrismo, que tiene como finalidad alargar el acto sexual y evitar la eyaculación para sublimar las energías internas en un abrazo de la pareja sin límites en el espacio y en el tiempo.

El yoga yantra es el que trabaja a través de la meditación sobre los símbolos universales y los mandalas. Para ello el discípulo se concentra en ellos y penetra en su interior, o, viceversa, estos penetran en él, de forma que tiene acceso a un estado trascendente en el que intervienen símbolos del inconsciente colectivo.

El siddha yoga es una invención personal del gurú Muktananda, el cual recoge su experiencia personal acerca de la meditación y las posturas. Tuvo, y aún conserva, una gran aceptación entre los seguidores de este gurú.

El sahaja yoga, como el anterior, constituye una invención particular del gurú Mataji.

No cabe duda de que el yoga fue el introductor en Occidente de otras muchas técnicas procedente de China, el Tíbet, la India y todo el sudeste asiático. Los seguidores de la Nueva Era empezaron practicando yoga para luego proseguir por el camino de la meditación. Podríamos sospechar que los maestros de Oriente introdujeron inicialmente en Europa y América el yoga que resultaba menos dificultoso y exigía una menor constancia, tenacidad y perseverancia que la meditación, para luego poder, poco a poco, enseñar esta técnica como un camino trascendente.

Ponga una piedra en su vida

Hace unas décadas, cualquier occidental al que se le hablase de utilizar para su crecimiento interior algún tipo de piedra no hubiera querido saber nada, alegando que una cosa era meditar y otra ser tan ingenuo como para creer que una piedra tenía algún tipo de efectividad o poder. Hoy en día, la industria que comercializa piedras y cristales es uno de los negocios más florecientes de la Nueva Era. Existen muchas clases de piedras a las que se les otorgan poderes, pero sin duda una de las principales es el cristal de cuarzo.

Este cambio radical hay que atribuirlo a dos factores principales. Por un lado el conocimiento que hemos adquirido sobre estos objetos a través del chamanismo, especialmente mediante la divulgación realizada por Carlos Castaneda. Otro factor fue un experimento realizado en un laboratorio estadounidense, en el que unos físicos cortaron un cristal de cuarzo e hicieron circular a través de este un rayo láser; para su sorpresa, el cristal de cuarzo emitió una vibración igual a las ondas delta, aquellas que se registran en el encefalograma cuando un yogui se encuentra en un estado de meditación profunda. Esto nos indicaría que ciertas piedras, y en especial los cuarzos, podrían ser susceptibles de comunicarse con nosotros; si a esto se añade que estos cristales tienen memoria mórfica, resulta que la persona que medita podría acceder a un conocimiento legendario del mundo y el universo.

El cristal de cuarzo es un elemento bastante puro de cristalización hexagonal y clase trapezoédrica. Los cristales están formados por un prisma hexagonal con dos romboedros distintos pero de desarrollo parecido, cosa que le da apariencia hexagonal. Este hecho le otorga una especie de «memoria inteligente» o «geométrica» en su crecimiento.

Por otra parte los cristales de cuarzo almacenan energía de diferentes tipos. Entre sus propiedades está la piezoeléctrica: recibir, amplificar, transformar, almacenar, focalizar y transferir la energía. Esta propiedad los convierte en aptos para actuar como conductores de energía a través del cuerpo humano y, a la vez, para servir de canalizadores a fin de alcanzar determinados estados mentales. Todo esto sin contar la especial importancia que también se les otorga en la curación.

En resumen, podemos decir que los seguidores de la Nueva Era creen fielmente que los cristales de cuarzo conceden un poder a sus propietarios si estos los saben utilizar adecuadamente; ayudan en determinadas meditaciones y en el proceso vibratorio, proporcionando armonía; captan energías interdimensionales; sirven para sanar; almacenan energías; tienen memoria y activan el «tercer ojo», ese ojo del cerebro profundo que teóricamente es la conocida glándula pineal, la productora de la melatonina, la sustancia que regula nuestra sexualidad, biorritmos y envejecimiento.

Saetear el cuerpo con finas agujas

La acupuntura llegó a Occidente de la mano del yoga e inmediatamente se convirtió en una forma de sanación habitual entre los seguidores de la Nueva Era. El hecho de titular este apartado con el término *saetear* no debe interpretarse como algo peyorativo, ya que la acupuntura se descubrió en China, hace cuatro mil quinientos años, cuando un sabio descubrió que los soldados heridos por flechas a veces sanaban de enfermedades que habían padecido durante años.

La acupuntura se basa en la teoría de que en el cuerpo humano existe una doble corriente de energía, que recibe los nombres de yin y *yang*, y que forma parte de un concepto general de la energía conocido como *chi* o *fuerza vital*. Los chinos descubrieron que esta energía circula por el cuerpo a través de unos meridianos, de modo similar a lo que ocurre en los circuitos sanguíneo, nervioso y linfático. También hallaron que existen veintiséis circuitos principales o meridianos, cada uno de ellos relacionado con una función o un órgano diferente del cuerpo. El médico acupuntor evalúa la condición de los meridianos tomando los pulsos de la arteria radial; a través de ellos conoce cuál es el meridiano afectado por un órgano enfermo e inserta agujas dentro de la piel a diversas profundidades, según el punto y la dolencia a tratar. Esta terapia indolora va seguida, frecuentemente, de una sorprendente disminución de los síntomas de la enfermedad.

A través de este legendario tratamiento los médicos acupuntores curan migrañas, jaquecas, úlceras, trastornos digestivos, lumbago, artritis, fibrositis, neuritis, ciática, reuma, dermatitis, eccemas, psoriasis, hipertensión, asma, bronquitis y otras muchas enfermedades. La acupuntura se utiliza incluso como anestesia desde 1958 para evitar los dolores posoperatorios.

En China existen más de un millón de médicos que practican la acupuntura, mientras que en todo Oriente la cifra sobrepasa los tres millones. Esta tradicional forma de curación, popularizada en la Nueva Era, ha conseguido ser aceptada en Europa, no sin grandes polémicas, por la medicina tradicional occidental y no se considera como una forma de curación paralela.

Curarse oliendo una flor

Igual que con la meditación acompañada de la utilización de piedras, hace años que nos acusarían de embaucadores si le dijéramos a alguien que puede curarse de ciertas dolencias únicamente oliendo flores. Hoy, al igual que la comercialización de piedras, la terapia aromática, en especial la conocida como *flores de Bach*, es una de las industrias más florecientes de la Nueva Era.

La terapia de las flores de Bach debe su descubrimiento al homeópata Edward Bach, que encontró treinta y ocho flores silvestres capaces de aliviar los estados mentales negativos del ser humano. Bach descubrió estas flores a través de su intuición, al apreciar que si colocaba la mano sobre una florescencia experimentaba en sí mismo las propiedades de la planta. Así, cuando buscaba la flor adecuada para aliviar una condición mental negativa, también sufría agudamente ese penoso estado, pero al hallar la flor correcta volvía a sentirse sereno y tranquilo. Bach sólo utilizó flores que crecían en el suelo al aire libre y bajo la luz del sol, y que tenían semillas. Además preparaba las flores en el mismo lugar donde crecían, las colocaba en un cuenco con agua y las exponía a la luz solar durante tres horas; luego las sacaba cuidadosamente del cuenco y embotellaba el agua.

No se puede considerar este tratamiento como homeopático, pero Bach descubrió que era fundamental para aliviar problemas como el miedo, la depresión, los celos, las preocupaciones, la falta de confianza, la incertidumbre, la soledad, la hipersensibilidad, la desesperación y la ansiedad.

El método arica o la búsqueda del todo

El método arica fue una de las primeras técnicas utilizadas en los albores de la Nueva Era para encontrar la unidad interior, del mismo modo que lo pretenden los sistemas orientales de meditación y yoga, pero bajo una perspectiva de trabajo occidental.

Más concretamente, el método arica es un sistema contemporáneo de filosofía, de índole pragmática, que se centra en un intenso curso de entrenamiento práctico para lograr la unidad interior del individuo.

El creador de esta técnica es el colombiano Óscar Ichazo, quien en 1968 fundó el Instituto de Gnoseología de Arica en Chile. En realidad su método es una síntesis de las tradiciones esotéricas orientales y las disciplinas fisicomentales, junto con ciertos aspectos y técnicas de la psicología occidental. Ichazo había estudiado técnicas de meditación oriental y yoga y, especialmente, los trabajos con el eneagrama de los que hablaba Gurdjieff.

La teoría arica constituye la explicación de la unidad mediante el descubrimiento de una nueva lógica que describe el proceso y la unidad del todo. El instructor transmite a sus discípulos una información clara y precisa, sin interpretaciones personales, y exige del discípulo que participe de forma abierta en el proceso, sin condicionamientos y sin retraerse ante los procedimientos que se aplican.

Los cursos de arica tuvieron un gran éxito en los años setenta del pasado siglo, y por ellos pasaron muchos de los psicoterapeutas que hoy practican otras terapias o técnicas más avanzadas. En aquellos cursos sólo se dedicaba un cinco por ciento del tiempo a cuestiones teóricas; el resto de la sesiones eran prácticas y tenían como objetivo dominar en gran parte la meditación para conseguir un equilibrio entre mente y cuerpo. Así, se practicaban muchos ejercicios de respiración y movimientos de relajación dentro de lo que se ha denominado *psicocalistenia*.

Hoy en día, aunque el método arica sigue practicándose y aún se celebran retiros de varios días para asistir a estos cursos, ha perdido cierta vigencia frente a nuevas terapias más incipientes y profundas.

La danza del silencio: el taichi

Pasear por un parque público y ver a una serie de personas practicando taichi es como estar contemplado una película muda a cámara lenta llena de armonía y tranquilidad. Algunos transeúntes que contemplan este espectáculo se ríen con sorna ignorando que están observando un ejercicio chino que data del primer siglo de nuestra era y que es capaz de llevar a sus practicantes a un estado de equilibrio físico y mental que envidiarían.

Los practicantes del taichi, del mismo modo que los antiguos monjes taoístas, consiguen aumentar su circulación sanguínea y su vigor sin perturbar su profunda concentración meditativa. Se trata de una imitación de la misma naturaleza, del movimiento de las aves, arroyos, árboles y viento, según una secreta tradición de familias taoístas de gran sabiduría.

Hoy en día el taichi forma parte de los programas diarios de higiene y bienestar de millones de personas en China. La eclosión de la Nueva Era originó que muchos maestros de taichi se trasladaran a Europa y Estados Unidos para crear sus escuelas y compartir esta enseñanza legendaria. Así, no nos debe extrañar ver a grupos de practicantes realizando estos ejercicios en jardines públicos, colegios, playas y zonas deportivas.

Pero debemos saber que la práctica del taichi no sólo es reconstituyente y terapéutica, sino que también forma parte de un camino hacia la espiritualidad. Sus movimientos y su respiración estimulan el flujo equilibrado de la sangre, y alimentan el cuerpo, la mente y el espíritu. Durante su práctica, se busca una quietud interior, un silencio y un equilibrio que conduce al discípulo a un estado de bienestar muy semejante al que se consigue con las técnicas de meditación.

El arte de repeler un ataque sin moverse

Con el yoga y, especialmente, el taichi también llegaron a Occidente dos artes marciales muy especiales: el kung-fu y el aikido. Ambas escuelas de combate consideran el taichi como un antecedente común. Pero lo que las convirtió en populares entre los seguidores de la Nueva Era fue su filosofía y el hecho de que su práctica requería una conexión especial con el cuerpo a través de la meditación. Así, no debe extrañarnos que, en las escuelas de kung-fu, los alumnos, antes de iniciarse en el arte de combatir, tengan que seguir unas enseñanzas espirituales y meditativas.

En el aikido ocurre algo semejante, y podemos observar en la técnica de este arte marcial originario del Japón que va más allá de un simple arte de combate y que su objetivo supremo es dar al ser humano la ocasión de reencontrar ese estado de equilibrio natural, tanto psíquico como físico, que permite la armonización espontánea de su existencia con la vía cósmica. En su filosofía el aikido aplica conocimientos del budismo, el zen y el confucionismo. En sus técnicas de combate se amalgama la sabiduría del yudo, el jiu-jitsu y el karate. Utiliza la meditación y los asanas del yoga, y su filosofía se basa en la no violencia y en la defensa personal ante el ataque; no existe la victoria ni el combate es el objetivo.

En el *Tao Te King* se recoge lo siguiente sobre el aikido: «Evito provocar, aguardo el desafío; no me permito avanzar una pulgada, pero no retrocedo un paso. Eso se llama avanzar sin moverse, repeler un ataque sin levantar el brazo, hacer como si no hubiera enemigo, tomar sin armas».

Incluso al analizar la postura del combatiente de aikido adivinamos toda una profunda sabiduría en la que se mezclan conceptos de yoga, de meditación, de búsqueda interior, de equilibrio y de armonía. Así vemos que la postura no tiene motivación, ni meta, ni intención. Supone la ruptura temporal con el mundo exterior, el primer paso del sendero de una visión correcta y que sólo un estado de receptividad permite adquirir.

El luchador de aikido aprende que con su postura está tratando de vivir el presente en el instante mismo. El discípulo llega a verse sin mirarse y sus ojos no se fijan en un objeto cualquiera que deje inactivos los demás sentidos; de esta manera, oye sin escuchar y el oído no se empeña en captar un ruido que perturbe el momento presente. Se siente dejando pasar las sensaciones del mismo modo que se piensa sin apegarse a los pensamientos. En definitiva se vive el momento presente, el aquí y el ahora.

Aquí y ahora

El «aquí y ahora» es la máxima por excelencia de Friedrich Perls, el creador de la terapia gestáltica. *Gestalt* es una palabra alemana que no tiene equivalente en otros idiomas, pero que significa aproximadamente «crear una forma». La terapia Gestalt entiende el crecimiento y la evolución del individuo como una integración armoniosa del cuerpo, la mente, el espíritu y el universo. Para ello trabaja con emociones y contactos profundos, poniendo especial énfasis en las emociones positivas y negativas.

La terapia Gestalt es una de las técnicas más importantes de la Nueva Era, y puedo afirmar que sigue gozando de éxito, con cientos de escuelas repartidas por todo el mundo en las que se enseñan sus procedimientos, reputados, serios y muy experimentados. Los más importantes psicoterapeutas actuales han pasado por escuelas gestálticas y siguen practicando muchas de sus técnicas en sus propios talleres de crecimiento personal.

El método de trabajo de la terapia Gestalt incluye diálogos entre aspectos opuestos intrapersonales, el empleo de pautas específicas de respiración, las visualizaciones, el uso de las manos como centros receptores y emisores de energía y rituales en grupo. Todo ello para conseguir crear en los discípulos o en los grupos un campo energético contenedor y hacer circular la energía de las emociones contenidas, así como diluir los bloqueos y resistencias, y devolver al individuo su creatividad y vitalidad.

Las técnicas de la Gestalt consiguen, asimismo, que los discípulos desarrollen una mayor tolerancia al dolor y al placer, que autorreciclen traumas y experiencias negativas, un sentido sacro de la vida, una ampliación de la consciencia del individuo y una concepción integral de la salud. Todo ello para abarcar la identidad total de cuerpo, mente, espíritu y universo.

Un metaprograma para modificar las pautas de pensamiento

¿Quién no ha visto un libro de PNL en los estantes de las librerías? Indudablemente sólo aquellas personas que no las visitan o que no están interesadas en el crecimiento interior. La PNL, es decir, la programación neurolingüística, es una de las técnicas más actuales de la Nueva Era. Existe una amplia bibliografía en el mercado sobre este tema, al margen de que en casi todas las escuelas o centros de crecimiento interior se realizan cursos de esta técnica.

La PNL es un método psicológico desarrollado por John Grinder y Richard Bandler, que, según sus creadores, permite ordenar los componentes de nuestro pensamiento y organizar nuestra experiencia de tal forma que, a través de nuestros procesos neurológicos, logremos producir los comportamientos adecuados a los objetivos que deseamos alcanzar.

El éxito de este método de trabajo ha originado dos corrientes. La primera intenta mejorar la capacidad para imponer los objetivos personales del individuo. Se ha convertido en un método adecuado para progresar en la carrera profesional y alcanzar la riqueza, a la vez que transforma la personalidad dándoles una orientación tecnocrática. La segunda corriente está enfocada a la ayuda práctica en la vida y el desarrollo de la personalidad, e intenta no conseguir sólo el éxito personal, sino también una visión global y un objetivo preciso para la totalidad. En esta corriente se trabaja para lograr la anulación, mediante una programación específica, de todo aquello que pueda resultar negativo.

El objetivo de la programación neurolingüística es que el individuo sea consciente de su propio metaprograma y que, gracias a ello, sea capaz de modificar sus pautas de pensamiento. Por lo tanto la PNL pretende que el individuo llegue a tomar consciencia de su propio metaprograma personal, del que generalmente no es consciente, al igual que también ignora los objetivos de su vida y los mecanismos inconscientes que le hacen actuar de una determinada manera. Por eso hay que llegar a saber cómo obramos y por qué tomamos determinadas decisiones. Se trata de descubrir la razón de esos comportamientos mediante la observación de nuestras acciones.

En realidad, si analizamos la metodología de la PNL, vemos que se trata de una adaptación de algunos principios de técnicas orientales de cara a que el individuo sea más consciente de sí mismo, se autoobserve, preste más atención y viva el presente. Todo ello no está muy alejado del Cuarto Camino de Gurdjieff, de las técnicas del *self* de Tart, o de la meditación zen o budista.

Melodías que sanan

No debería ser una sorpresa saber que la música puede ser considerada como un buen inductor de la distensión, porque favorece la hipotonía y la regulación de los ritmos biológicos. Aparentemente, los seguidores de la Nueva Eran redescubrieron la música como posible terapia a partir de que un compositor con aspecto de *hippy* llamado Paul Horn grabó en 1968, en el interior del Taj Mahal, una improvisación de flauta y voz titulada *Inside the Taj Mahal*.

A partir de ese instante nacieron diferentes escuelas cuyo objetivo era conseguir, a través de la música, llegar a un estado de relajación o a la sofrología. Escuelas muy diversas están utilizando hoy la música para trascender y producir en los individuos la evolución deseada, como pretenden los que imparten musicoterapia receptiva.

También existe una musicoterapia activa, en la que la música se utiliza como un modo de expresión y un método para desarrollar la creatividad.

Por otra parte, en muchas escuelas se utiliza la música, de manera muy seleccionada, para relajar a sus discípulos. En estos centros se trabaja individualmente o en grupo, y se realizan improvisaciones en las que cada participante intenta integrar y articular su expresión musical con las de los demás. Otras escuelas utilizan la música para desarrollar la expresión corporal, moviendo el cuerpo a base de ritmos de percusión o a veces simplemente tarareando.

La musicoterapia se ha convertido en una forma de apoyo para un amplio abanico de patologías que van desde las neurosis hasta la psicosis. No nos debe extrañar, por tanto, que esta nueva terapia se utilice en hospitales o psiquiátricos, así como para ayudar a discapacitados.

Usted es su cuerpo

Ya he explicado que la música actúa en la regulación de los ritmos biológicos, y esto me lleva a mencionar otra destacada técnica de la

Nueva Era, la bioenergética, cuyo principal creador es Alexander Lowen. La bioenergética es el estudio de la personalidad humana en función de los procesos energéticos del cuerpo y su principio fundamental es: «Usted es su cuerpo».

Un principio básico de la bioenergética es que «no tenemos un cuerpo, sino que lo somos», ya que el cuerpo es un ser lleno de vida que se encuentra inmerso en procesos de transformación como toda la naturaleza; este también participa en todos los procesos biológicos que lo rodean exteriormente, pero también vive hacia dentro de sí mismo. Por otra parte la bioenergética revela que existe una memoria muscular que descubrimos al observar el cuerpo, en la que vemos circunstancias vividas a través de bloqueos y tensiones de los cuales los humanos tratan de protegerse, pero que les impiden ser ellos mismos.

La bioenergética advierte que el mecanismo intelectual se encuentra condicionado por lo que sucede en el cuerpo y, a su vez, que las funciones corporales están afectadas por los influjos de los procesos mentales. Así un individuo enfermo sufre problemas de equilibrio y energías, mientras que otro carece de limitaciones y su energía no está retenida por su estructura muscular.

La bioenergética estudia la energía que se encuentra en el cuerpo humano, al igual que las técnicas hindúes trabajan con los chakras, esos puntos misteriosos de nuestro cuerpo donde hay energías acumuladas que circulan a través de conductos que regulan nuestra salud. En ambos casos, con técnicas bioenergéticas o dedicadas al trabajo con los chakras, el tema de la energía interior del cuerpo humano ha vivido un éxito espectacular entre los seguidores de la Nueva Era.

En busca de las dimensiones perdidas del crecimiento

Otra técnica psicoterapéutica que está en alza en las escuelas de la Nueva Era es la psicosíntesis, creada por el fallecido psicólogo veneciano Roberto Assagioli.

Para Assagioli sólo existe un *self* (el sí mismo) y, por tanto, el *self* personal es el reflejo, en cada uno, del *self* transpersonal, dos expresiones diferentes de una misma realidad única. A partir de este principio, Assagioli desarrolló la psicosíntesis, en cuya aplicación es necesario ver al individuo como un todo y mantener contactos individuales para conocer las diferentes necesidades de cada uno; es decir, profundizar en la realidad consciente de la personas, sus valores, frustraciones, relaciones, etc. Todo ello ha de conducir al autoconocimiento, que supone el primer paso dentro de la psicosíntesis.

Para ello se utilizan técnicas como los trabajos con símbolos y de síntesis del individuo, así como terapias que permitan la expansión de la consciencia para alcanzar un mayor contacto con las emociones, las sensaciones y el cuerpo.

En la psicosíntesis también se trabaja en el proceso de desidentificación, a fin de crear un centro que unifique toda la personalidad; para ello se utilizan un grupo de técnicas activas que consisten en una serie de propuestas formuladas por el psicoterapeuta y que el paciente puede desarrollar por su cuenta, todo ello unido al proceso de autoconocimiento.

En definitiva se trata del abandono de nuestras rígidas identificaciones y de la creación de un distanciamiento interno de aquellos contenidos psicológicos de los cuales, poco a poco, nos vamos haciendo conscientes. Con todo ello se buscan, también, dos dimensiones de crecimiento personal, una hacia la profundidad de la psique y otra en dirección a los planos más elevados o trascendentes.

Cuando nuestros riñones piensan

Dentro de las medicinas llegadas de Oriente a través de la corriente de la Nueva Era se encuentra la ayurvédica, que se ha hecho popular, primero, por su contenido milenario y, segundo, por las particulares cualidades y la simpatía de su redescubridor.

La medicina ayurvédica, proveniente de los tratados vedas de hace miles de años, ha sido divulgada en Occidente por el endocrinólogo indio Deepak Chopra, autor, entre otros, de *Curación cuántica*.

Chopra advierte que, con la medicina occidental, el cuerpo humano siempre sale dañado del asalto que se ha llevado a cabo sobre él; sin embargo, con la medicina ayurvédica se consiguen recuperaciones milagrosas conocidas en la medicina tradicional como *remisiones espontáneas*. Para los ayurvédicos nada se mueve en el cuerpo humano sin que lo haga el conjunto. John Bell, el físico creador del teorema homónimo, afirma que: «Todos los objetos y acontecimientos del cosmos están interrelacionados unos con otros y responden a los cambios de estado de unos y otros». Nuestro riñones «piensan» en la medida en que saben producir los mismos neuropéptidos que el cerebro.

Chopra nos explica que: «La mente no está confinada en el cerebro; creíamos que sí porque resultaba más cómodo. Pero, en realidad, la mente se proyecta hacia todos los rincones de nuestro espacio interior. […] Antiguamente la ciencia partía de la idea de que somos máquinas físicas que, de una manera u otra, han aprendido a pensar. Hoy en día, parece ser que somos pensamientos que han aprendido a fabricar una máquina física».

Quizá una de las bases más importantes de la teoría de la medicina ayurvédica puede entenderse con la siguiente explicación: en el momento que uno piensa «soy feliz», un mensajero químico traduce esa emoción a cada célula del cuerpo, y esa felicidad se une a todas ellas. Uno habla en ese momento con cincuenta billones de células y les transmite una sensación especial. Cuando uno tiene sed, no obedece un impulso del cerebro, sino que también está escuchando una petición emitida por cada célula de su cuerpo.

En definitiva el ayurveda nos dice que hemos de buscar la causa de la enfermedad en un nivel más profundo de la consciencia, donde poder hallar la vía de la curación.

CUARTA PARTE

El nuevo paradigma

*La doctrina de que el mundo está formado
por objetos cuya existencia es independiente de la consciencia
humana se halla en conflicto con la mecánica cuántica
y con hechos que se han establecido experimentalmente.*
Bernard D'Espagnat, *Scientific American*, febrero de 1998

La civilización industrial nos ha llevado a una concepción científica, newtoniana y cartesiana del mundo. Los científicos son mecanicistas y racionales, y algunos de ellos, reduccionistas y conductistas. Esta educación que recibimos en nuestras escuelas y universidades nos hace ver un mundo donde la materia está constituida en bloques, donde las leyes que nos enseñan sólo son aplicables a un mundo a gran escala y gobiernan determinados fenómenos. Todo ello nos lleva a ser racionalistas en un universo predestinado por la entropía, con una flecha temporal que, irreversiblemente, sólo se mueve en una dirección. Este fue el único paradigma existente hasta cierto momento. Sin embargo, en 1935, un experimento iba a modificarlo, pero antes de entrar en detalles, me gustaría aclarar el concepto de paradigma.

Viejos y nuevos paradigmas

El término *paradigma* fue acuñado por el físico Thomas Kuhn para referirse a diferentes conceptos, teorías y bases científicas que dominan el

99

pensamiento de una sociedad científica durante muchos años. Así, una vez establecido un paradigma de trabajo que da por seguras o válidas para trabajar unas concepciones determinadas, los científicos siguen investigando y trabajando hasta que aparece algo nuevo que les obliga a replantearse todos sus conceptos y a realizar una nueva descripción del mundo. Por supuesto, mientras un paradigma se encuentra aceptado, se rechaza cualquier idea innovadora hasta que esta se hace tan patente que sus detractores no tienen más remedio que admitir su existencia.

Para ilustrar esta explicación tomaremos el ejemplo de algunos casos dentro de la astronomía, una ciencia que nos proporciona una idea del entorno en que vivimos y de la concepción del universo. Durante muchos años estuvo vigente el paradigma de que el Sol giraba alrededor de la Tierra, que era el centro del universo; el astro solar se movía alrededor de nosotros, acompañado de planetas y estrellas. Este era el paradigma geocéntrico de Ptolomeo, hasta que Copérnico y Galileo descubrieron que esto no era así y plantearon el paradigma heliocéntrico, por el que la Tierra ya no era el centro de universo, sino un astro más que giraba en torno al Sol, que tan sólo era una estrella más. Aún hubo otros cambios paradigmáticos, pues también se creía que el universo estaba constituido únicamente por nuestra galaxia hasta que se descubrió que unos focos de luz lejanos, supuestamente unas estrellas muy alejadas, eran en realidad unas galaxias tan grandes o más que la nuestra. Todos estos descubrimientos han ido cambiando los paradigmas que estaban vigentes.

No sólo en la astronomía ha sucedido esto, pues también en la química se ha pasado de la teoría del flogisto a la química de Lavoisier. Y finalmente llegamos al último cambio de paradigma al pasar de la mecánica newtoniana a la física cuántico-relativista, lo que hoy denominamos el nuevo paradigma; este, además, ha producido, por sus connotaciones filosóficas, una transformación en los conceptos y la visión del mundo en psicólogos, antropólogos, paleontólogos y médicos holísticos.

EPR: un experimento que está cambiando el mundo

En 1964 se realizó un experimento que se ha convertido en la caja de Pandora de la ciencia y ha sumido a todos los científicos racionalistas y cartesianos en un estado de gran perplejidad. Se trata del desarrollo de una teoría ya expuesta en 1935 por Einstein, Podolsky y Rosen, que se conoce como el *efecto EPR*.

Aunque este experimento resulta bastante difícil de comprender, dada la importancia que tiene dentro del nuevo paradigma y el movimiento transpersonal, debo intentar explicarlo, aunque sea de una forma muy sencilla.

Supongamos que tenemos lo que los físicos llaman un sistema de dos partículas espín cero. Si las lanzamos a través de un campo magnético observaremos que si una de ellas tiene un espín ascendente, la otra lo tiene descendente. Si variamos la posición del campo magnético, de vertical a horizontal, observaremos que si una tiene un espín a la izquierda, la otra lo tendrá a la derecha. Por lo que podemos ver, sus espines siempre serán iguales y opuestos. Es como si lanzásemos una bola y al pasar por un marco se dividiese en dos: una parte iría a la derecha y la otra a la izquierda, aunque esto es sólo una imagen aproximativa a la del complejo mundo cuántico.

Seguimos con el experimento anterior. Ahora supongamos que separamos esas partículas eléctricamente de tal manera que sus espines no se afecten entre sí, y vemos que una de las partículas escapa en una dirección y la otra en el sentido opuesto. Para continuar el experimento nos centraremos en una de las partículas antes de que se escape del todo mientras que no nos fijamos para nada en la otra. Haremos pasar la primera de nuevo por un campo magnético, de forma que la obligaremos a desviarse a la derecha. Al momento observaremos que la otra partícula, desconectada por completo y ya muy lejana, gira hacia la izquierda. ¿Qué ha pasado? Ha ocurrido que instantáneamente, a velocidades lumínicas, la partícula afectada se ha comunicado con la otra, la cual ha realizado un giro en la dirección opuesta.

El efecto EPR junto al teorema de Bell (también un referente en la física cuántica) tienen unas connotaciones filosóficas y conceptuales sobre nuestro mundo que hacen que veamos el universo de una forma completamente distinta, porque, entre otras cosas, nosotros, los seres humanos, estamos formados por moléculas y partículas cuánticas como las que han servido para realizar los experimentos citados. Todo ello nos ha llevado a construir una nueva concepción del mundo en que vivimos y a aceptar nuevas ideas. Sin embargo, estos cambios no se producen de la noche a la mañana, sino que estas nuevas concepciones van siendo aceptadas poco a poco en el mundo académico.

El principio de incertidumbre

Los nuevos descubrimientos en la física cuántica, de los cuales veremos posteriormente cómo han afectado a la Nueva Era, nos explican que la antigua física de Newton sólo es aplicable al mundo a gran escala, pero que no tiene validez en el universo subatómico, en cuestiones temporales y en las grandes distancias intragalácticas.

Mientras que las leyes de Newton predicen sucesos en nuestro entorno, la mecánica cuántica se basa en experimentos en el mundo subatómico y sólo predice probabilidades, ya que en ese contexto no podemos conocer con absoluta precisión al mismo tiempo en qué momento estará una partícula en un lugar y cuál será este, es decir, su posición. En realidad —y ahora empezaríamos a tratar relativismos einsteinianos— podemos conocer ambas cosas aproximadamente, pero mientras más sepamos de una menos precisos seremos en la otra. Este hecho es conocido por los físicos cuánticos como principio de incertidumbre de Heisenberg.

Es decir, en el momento en que observamos una partícula, por ejemplo un electrón, estamos influyendo en ella: todo intento de observar ese electrón acaba alterándolo de algún modo. Fijémonos que he utilizado el término *observar*, no *tocar*. Parece ser que, a nivel subatómico, no podemos observar algo sin afectarlo, ya que, supuestamente, nuestra forma de pensar condiciona lo observado. Así, el científico Werner Heisenberg, el padre del principio de incertidumbre, destacaba lo siguiente: «Lo que observamos no es la naturaleza en sí, sino aquella que está expuesta a nuestro método de interrogación». Así, a partir de este nuevo enfoque del mundo empiezan a aparecer, dentro de la investigación de la física cuántica, las primeras elucubraciones, y nuevamente Heinsenberg manifiesta: «Si la nueva física nos ha conducido a alguna parte, ha sido al encuentro de nosotros mismos. Al único lugar, desde luego, al que podemos ir».

Por lo tanto, al igual que las tradiciones milenarias de la Nueva Era, la física cuántica está llevando al ser humano al mismo resultado por el camino científico, hacia el encuentro consigo mismo, a una búsqueda interior y una interpretación de nuestra existencia en el mundo.

Es evidente que la mecánica cuántica nos conduce a la posibilidad de que nuestra realidad sea la que nosotros decidamos crear, ya que nos está advirtiendo de que no es posible observar la realidad sin cambiarla, pues no podemos desaparecer del conjunto del cuadro en general. Somos parte de la naturaleza y cuando la estudiamos no podemos eludir el hecho de que es la naturaleza la que se está estudiando a sí misma. En resumen y retomando lo que ya veníamos diciendo en los capítulos anteriores, formamos parte de un todo y cualquiera de nuestras acciones afecta a ese todo. Nuestros órganos no son independientes, forman parte de un cuerpo y se ven afectados por un simple pestañeo. Cuando tenemos sed, son todas nuestras células las que claman la necesidad de agua, no sólo nuestro paladar y nuestro estómago.

El conocimiento de nosotros mismos

Pero sigamos con los descubrimientos de la física cuántica para continuar sorprendiéndonos. Profundicemos en la afirmación de que, en la física cuántica, las partículas no son cosas. Un fotón, por ejemplo, puede ser una partícula y una onda, depende de lo que queramos medir, incluso si esta decisión la tomamos en el último momento.

¿Qué hace que esto sea así? Sencillamente el hecho que una partícula se puede transformar en energía y esta en masa. En el mundo real la masa sólo se puede convertir en energía: es decir, quemamos carbón para obtener energía, pero es prácticamente imposible realizar el proceso inverso. Este principio no se respeta en el mundo cuántico, ya que, como hemos dicho, la masa se convierte en energía y viceversa, y esto puede ocurrir tantas veces como sea necesario.

Muchos científicos han llegado a la conclusión de que la nueva física cuántica no se basa en el conocimiento de la verdad absoluta, sino en nosotros mismos.

Es evidente que la verdad absoluta se está convirtiendo paulatinamente en un concepto más relativo, ya que hemos visto a lo largo de la historia de la humanidad cómo grandes certezas han terminando derrumbándose y cayendo en el olvido. Sin duda, las nuevas «verdades» que han sustituido a las anteriores han requerido muchos sacrificios, muertes y gente inmolada en las hogueras por poner en duda el dogma anterior, algunas tan evidentes como que la Tierra gira alrededor del Sol. Sin embargo, aunque hoy en día nuestros conocimientos científicos parezcan palpables y demostrables, los científicos tampoco están seguros de que su verdad sea la absoluta, sino que puede tratarse, simplemente, de una certeza que les sirve para seguir trabajando hasta que descubran otra nueva realidad.

La verdad absoluta ni siquiera tiene fuerza ya en la moral y la religión. Si somos honrados debemos admitir que tan auténticas son las creencias de un musulmán como las de un cristiano o hebreo. Incluso las verdades morales han sucumbido a los propios sistemas y lo que antes se creía que era bueno ahora puede ser malo o viceversa. Antiguamente arrojar a los deformes por el Taigeto era un acto de moralidad, hoy lo consideraríamos una gran barbaridad y jamás se nos ocurriría hacer algo así con un discapacitado, sino que nuestra actitud sería completamente opuesta. Antes era pecaminoso que las mujeres mostraran sus tobillos en una playa, mientras que hoy todos sabemos cómo circulan por ella los bañistas. Masturbarse fue considerado durante un tiempo causa de numerosas enfermedades; ahora sabemos que se trataba sólo de una invención sin sentido. Incluso en el mundo médico operar con frac era algo que daba un gran prestigio y la reputación de un cirujano se medía por lo manchada de sangre que quedaba esa prenda; ningún cirujano se atrevería hoy a hacer semejante barbaridad.

Como hemos podido ver, la verdad absoluta carece de sentido frente a una realidad que aún no hemos llegado a comprender del todo y que quizá cuando la entendamos puede hacer que modifiquemos por completo todos nuestros esquemas sociales, mentales y científicos.

Cuando las partículas toman decisiones

El descubrimiento más sorprendente de la física cuántica es que las partículas subatómicas parecen estar tomando decisiones de manera constante, que aparentemente se basan en otras decisiones programadas en cualquier otra parte del universo. Sólo debemos recordar el experimento EPR y la comunicación entre dos partículas. Pero hay más, pues las partículas subatómicas parecen conocer «instantáneamente» las decisiones que se toman en otras partes. Incluso cuando son enormes distancias recorridas a la velocidad de la luz, la comunicación es instantánea.

Este hecho nos lleva a aceptar una implicación filosófica, pues demuestra que todas las cosas del universo, que parecen estar aisladas unas de otras, incluso nosotros mismos, son en realidad parte de un modelo orgánico que lo abarca todo. Y no existe ningún fragmento de este modelo, de ese todo que se encuentre verdaderamente separado de él o de las demás partes. Como podemos observar, seguimos enmarcados por esos principios que han inducido a los seguidores de la Nueva Era a ver el mundo de una manera distinta. Hoy en día, los científicos cuánticos dicen cosas parecidas a esta: «No estamos seguros de ello, pero hemos reunido pruebas que indican que la clave para la comprensión del universo es uno mismo».

El mundo subatómico es una danza continuada de creación y aniquilación, de masa que se transforma en energía y viceversa. Formas transitorias centellean dentro y fuera de la existencia para dar a luz a una realidad nunca limitada y siempre creada de nuevo. La mecánica cuántica nos dice lo mismo que los budistas tántricos: «La conexión entre los puntos (el "objeto móvil") es un producto de nuestra mente y en realidad no está ahí». Esta idea nos conduce a lo más profundo del conocimiento de las tradiciones, al budismo, al tantrismo y a los Upanishad. El mundo es maya; nosotros vemos lo que vemos porque estamos condicionados, pero, en realidad, frente a nosotros hay un mundo de energías y partículas que se mueven y vibran, no hay objetos ni bloques fijos… sólo energía. Y estas afirmaciones las podremos comprobar también cuando, más adelante, hablemos del mundo holotrópico de David Bohm.

La flecha del tiempo

Sigamos, ya para terminar, con las implicaciones filosóficas de la flecha del tiempo. Para los físicos hay una teoría que se refiere al desorden creciente, la entropía, que es la segunda ley de la termodinámica. La entropía asegura, para algunos, que el universo se expande en forma de desorden y caos, mientras que, para otros, no significa desorden y caos, sino una mayor complejidad, la cual se va haciendo cada vez más creciente y nos resulta más difícil de comprender. La realidad es que, en la física normal, el tiempo discurre en dirección a la entropía. Es decir, cuando nosotros agitamos con una cucharilla un café caliente con azúcar, hemos creado un desorden de moléculas que ya no podemos hacer regresar a su estado original. O si lanzamos una taza de café contra la pared y la rompemos, ya nunca podremos, por más que la peguemos, reconstruirla tal y como estaba al inicio, por el simple hecho de que la flecha del tiempo siempre va en una dirección y no podemos volver hacia atrás.

Pero esta ley de la entropía no es aplicable a las partículas subatómicas, sólo es válida para las moléculas, células vivas y personas. A nivel subatómico se pierde el significado del concepto que tenemos del flujo del tiempo, e incluso puede llegar a no poder medirse.

Todo esto nos lleva a una nueva implicación filosófica, ya que nosotros somos parte de la naturaleza, de ese todo; por tanto, si la consciencia es fundamentalmente un proceso semejante y si podemos captarlo en nuestro interior, entonces es concebible que podamos experimentar la intemporalidad, pues en nuestra mente la actividad sería cuántica. Por ello, no podemos descartar la «existencia fuera del tiempo» de aquellos que viajan bajo los efectos de los enteógenos. Para los budistas la realidad es sencillamente virtual por naturaleza, y lo que aparece ante nosotros como objetos «reales» (por ejemplo, los árboles o la gente) son sólo ilusiones transitorias, resultado de una forma limitada de consciencia y de ver el mundo, como hemos explicado anteriormente.

Una revolución en la Nueva Era

Los descubrimientos de la física cuántica tuvieron inmediatamente repercusión en muchas otras disciplinas. Los psicólogos empezaron a cambiar su actitud ante sus pacientes, ante a aquellos que acudían a sus consultas y planteaban casos que antes se consideraban como psicóticos o esquizofrénicos. Abandonar el cuerpo, oír voces, tener sueños premonitorios, acceder a otras realidades ya no eran causas de enfermedad, sino estados reales a los que algunas personas más sensibles que otras o menos condicionadas que el resto de la población tenían la facultad de acceder. Esos pacientes ya no podían tratarse simplemente como enfermos a quienes había que internar en un manicomio o atiborrarlos de ansiolíticos para terminar convirtiéndolos en vegetales.

La psicología fue la primera especialidad en aceptar el paradigma cuántico e integrarlo en sus trabajos de investigación. El ser humano también estaba formado por partículas que tenían memoria y que eran capaces de comunicarse con cualquier lugar del universo; la conexión podía ser cósmica. Así nacía la psicología transpersonal.

Pero la psicología no iba a ser la única disciplina en aceptar el nuevo paradigma. También los antropólogos se replantearon todos sus conceptos sobre el mundo y la civilización. Los estudiosos de las religiones o las antiguas tradiciones repasaban los textos antiguos y se daban cuenta de que en ellos ya se hablaba de lo que la física cuántica anunciaba, de que nosotros éramos energía, de que el mundo era una ilusión, de que podíamos conectar con la energía y traspasar la ilusión. Textos sagrados como los Upanishad o los libros taoístas se convertían en auténticos tesoros, hasta el punto de que los físicos cuánticos los leían y releían una y otra vez. Bautizaban a las nuevas partículas con nombres extraídos de estos textos y algunos escribían libros con títulos tan reveladores como *El tao de la física*, obra de Fritjof Capra.

Otros antropólogos descubrían que no todos los seres humanos se encontraban condicionados a ver el mundo de aquella forma material que se presentaba habitualmente. Gracias a Castaneda, Eliade y Campbell se hablaba de nuevo de los chamanes y se aceptaba que tenían la capacidad de ponerse en contacto con otra realidad y aprender de ella, trayendo conocimientos que podían servirles para curar a otras personas o solucionar problemas en su entorno.

Los médicos fueron los siguientes en aceptar el nuevo paradigma. Ya no se podía contemplar el cuerpo humano como una máquina que se deteriora y que hay que arreglar por el procedimiento que sea, aunque pueda ser agresivo para el ser. El cuerpo formaba parte de un todo; por lo tanto, había enfermedades somáticas, los aspectos exteriores afectaban a nuestro interior, la alimentación era, por supuesto, importantísima, pero también lo era nuestra forma de ver el mundo y de enfrentarse a él, la felicidad y el entorno. De esta manera, nacía la medicina holística y, con ella, los procedimientos agresivos de la medicina del «hombre blanco» empezaban a ser cuestionados. La sabiduría china o la ayurvédica aportaban nuevas terapias tan importantes como la quimioterapia y el bisturí.

Los descubrimientos de la física cuántica revolucionaron la concepción del mundo y todos los seguidores de la Nueva Era aceptaban este nuevo paradigma. A pesar de todo lo anterior, he de aclarar que aún existen físicos newtoniano-cartesianos que no creen en los descubrimientos cuánticos y que están en contra del gasto de enormes cantidades de dinero en la construcción de aceleradores de partículas que sólo tienen la finalidad de descubrir algún quark al que esos «locos» físicos cuánticos bautizan con nombres tan insólitos como *divinidad*.

Tampoco todos los psicólogos, tanto freudianos como junguianos, aceptan la nueva psicología transpersonal, gestáltica o perinatal; muchos siguen arraigados al viejo psicoanálisis. No todos los antropólogos aceptan las experiencias de sus colegas con chamanes y los «viajes» con enteógenos, cuyos resultados atribuyen sólo a la imaginación; por supuesto, los libros sagrados antiguos son simples epopeyas llenas de imaginación. En lo que respecta a los médicos pasa otro tanto. La medicina occidental difícilmente acepta las ideas orientales, aunque, poco a poco, se empieza a asumir el hecho de que formamos parte de un todo y que cualquier cosa que se estropea en nuestro cuerpo afecta a la totalidad. Sin embargo, prefieren seguir trabajando con sus potentes máquinas y utilizando terapias agresivas que destruyen una parte de nuestro ser para curar otra.

Gaia

El concepto de Gaia nace como consecuencia de los descubrimientos citados de la física cuántica. En realidad han sido dos científicos, Jacobo Grinberg-Zylberbaum y James Lovelock, quienes han desarrollado esta teoría que tanto ha entusiasmado a los seguidores de la Nueva Era y a los ecologistas.

James Lovelock es el principal artífice de la teoría de Gaia, la cual sugiere que la estabilidad de nuestra atmósfera sólo puede explicarse suponiendo que esté ligada a la biosfera, un término que engloba a todos los animales y plantas que viven en la Tierra. Para Lovelock la litosfera, la biosfera y la atmósfera constituyen un sistema integrado único, que habría de ser necesariamente el cuerpo gigantesco de un ente vivo, el ser de mayor tamaño en el sistema solar, bautizado con el nombre de Gaia (Gea), el nombre de la antigua diosa griega de la tierra.

Jacobo Grinberg-Zylberbaum, nacido en México y licenciado en Psicología, también era doctor en Ciencias Fisiológicas por la facultad de medicina de la Universidad Nacional Autónoma de México (UNAM), y especialista en electrofisiología en los Brain Research Laboratories de Nueva York. Como todos los entusiastas del nuevo paradigma, sus prácticas y estudios de las técnicas de meditación y misticismo lo llevaron a la India y Nepal, donde recibió la enseñanza de estos conocimientos de una forma directa y de manos de los maestros adecuados. Todas estas experiencias, junto con la profunda trascendencia que alcanzaba mediante la meditación y el contacto con la naturaleza, le llevaron a conectar su consciencia con la del planeta Tierra. A su regreso a México se convirtió en director del Instituto Nacional para el Estudio de la Consciencia donde desarrolló su teoría más revolucionaria: la sintérgica. Para Grinberg-Zylberbaum, la interconexión mente-naturaleza-universo nos lleva al concepto de Gaia, en el que la Tierra está formada por hiperneuronas interconectadas entre sí que se corresponden a cada uno de los cerebros humanos que habitan en el planeta. Esta teoría que entrelaza e interconecta a todos los cerebros humanos entre sí parece tener una firme relación con lo que Jung denominó *inconsciente colectivo*, y puede hacer que se planteen muchas especulaciones acerca de los fenómenos extrasensoriales y paranormales.

Según estos investigadores, la Tierra es un ente vivo, un ser del que formamos parte y con el que estamos interconectados. En realidad, es indudable que formamos parte de la naturaleza, pues la vida empezó en las primeras arcillas de las zonas lacustres y, por tanto, podemos considerarnos hijos de la Tierra. Si este hecho es así, nuestra relación con ella es más profunda de lo que creemos, pues nos movemos por encima de un ente vivo, del cual sólo somos una parte.

Las consideraciones anteriores nos llevan a admitir la creencia de que podemos estar interconectados con el planeta y con todos los seres que lo pueblan. Esta teoría ha tenido un gran impacto entre los ecologistas seguidores de la Nueva Era, ya que si formamos parte de un ser vivo tenemos la responsabilidad de cuidarlo, protegerlo y no dañarlo, pues al fin y al cabo este ser nos está dando la vida en forma de alimentos, oxígeno y agua.

No cabe duda de que la naturaleza está viva. Hoy sabemos que los árboles se «avisan» a distancia de la presencia de un agresor, por ejemplo, un animal que se come las ramas bajas; para ello emiten unos productos volátiles que, transportados de un árbol a otro, modifican la producción de proteínas y dan a las hojas un sabor desagradable.

La teoría de Gaia advierte que cualquier acción que emprendamos en una parte del planeta tendrá repercusiones en el resto. Si desforestamos las selvas de Brasil estaremos provocando la falta de oxígeno en otras partes del mundo. El calentamiento de la atmósfera provocado por el anhídrido carbónico emitido provocará que el fenómeno de El Niño sea más fuerte y virulento. Si calentamos la atmósfera los hielos del Polo Norte y el Polo Sur se derretirán y el nivel de las aguas aumentará un par de metros inundando todas las ciudades costeras. Las profundas implicaciones y relaciones pueden llegar hasta tal punto que se habla del «efecto mariposa»: si millones de estos insectos batieran sus alas en Australia podrían acabar creando una succión atmosférica que provocara un huracán en Miami.

La teoría de Gaia aún está muy vigente entre los seguidores de la Nueva Era, especialmente entre los ecologistas. Sin duda representa una nueva forma de ver el mundo y de aceptar que este no se encuentra a nuestra disposición para explotarlo y dañarlo, sino para cuidarlo amorosamente, si no queremos que se sacuda y nos expulse lejos como si fuéramos simples pulgas en la piel de un perro.

Los campos morfogenéticos

Rupert Sheldrake es doctor en Bioquímica en la Universidad de Cambridge. Becario investigador de la Royal Society, miembro del Clare College de Cambridge y especialista en biología celular, estudió Filosofía en Harvard y ha realizado investigaciones sobre plantas tropicales en Malasia y la India. Con este historial académico, nadie pone en duda sus teorías, aunque a primera vista puedan parecer absurdas.

Sin duda, su teoría sobre los campos morfogenéticos, que tiene ciertas similitudes con el concepto de Gaia, es francamente revolucionaria, sobre todo por el hecho de que, como buen investigador, no se limitó a ser un teórico como Grinberg-Zylberbaum, sino que aportó una serie de demostraciones para apoyar sus hipótesis.

Sus teorías se basan en la idea de que la memoria es colectiva y afirman que los campos morfogenéticos actúan como una memoria colectiva que determina los hábitos y formas de conducta de los seres vivos. Para Sheldrake la idea de los organismos materiales es equívoca, ya que no existe nada inmaterial que organice las partículas, porque aquello que consideramos como materia en el sentido tradicional no existe. Su teoría de los campos morfogenéticos puede resumirse en su afirmación de que las características del mundo natural que estudian los científicos son realmente hábitos, costumbres, no acontecimientos gobernados por leyes inmutables.

Se trata de un desafío a las suposiciones fundamentales de la ciencia al sugerir que la naturaleza tiene memoria y no es una máquina, y que cada tipo de sistema —cristales, pájaros o sociedades— se forma a partir de un único campo mórfico con una memoria colectiva o asociada.

Para ello Sheldrake pone el ejemplo de unos monos que habitan en una isla del Pacífico. Se trata de un grupo de animales que vive completamente aislado de otras colonias de monos y que, por supuesto, no tienen ninguna forma de comunicarse con ellas, porque se encuentran en otras islas que están a más de cincuenta kilómetros de distancia.

En los acantilados junto a la colonia encontraban unas excelentes almejas, pero los monos tenían grandes dificultades para abrirlas. Las manipulaban con sus afilados dientes y sus garras, pero sólo conseguían abrir un porcentaje muy pequeño, aquellas que cogían cuando estaban semiabiertas y que permitían la introducción de una uña o un diente entre sus valvas.

Un día, una de las hembras de la colonia realizó un descubrimiento muy ventajoso y aprendió a abrir las almejas con un nuevo procedimiento. La hembra tomó una piedra y con ella golpeó la concha hasta destrozarla, lo que le permitió acceder al interior y comerse el sabroso manjar. El resto de la colonia observó esta peculiar forma de abrir las conchas, al principio con curiosidad y más tarde con interés. Algunos machos se aproximaron a ella para aprovecharse de esta técnica y reclamar alguna pieza abierta y, pronto, otros monos de la colonia aprendieron a abrir las conchas de esta manera.

Hasta aquí todo parece natural, pero en ese mismo instante otros monos de la isla, sin ningún contacto con esta colonia, también aprendieron este mismo procedimiento. Se podría decir que alguno de los monos observó esta técnica de algún miembro de la colonia vecina. En realidad no sucedió nada de esto, pero se puede aceptar esa hipótesis. Sin embargo, lo llamativo es que este descubrimiento, acaecido en una isla incomunicada, empezó a expandirse a otras colonias de monos ubicadas en islas a más de cincuenta kilómetros de distancia y que no habían tenido ninguna comunicación entre sí.

Este fenómeno no es único: el campo mórfico también puede extenderse perfectamente a los seres humanos. Hay cientos de ejemplos de científicos que, de pronto, han descubierto una teoría o han resuelto un difícil problema científico y se encuentran que, en ese mismo momento, otro científico en un lugar alejado ha llegado también a la misma conclusión.

Esto nos llevaría a hablar de los ciclos, esos momentos de la humanidad en la que esta avanza espectacularmente debido a que en diferentes partes del mundo emerge de manera simultánea un conocimiento que estaba sumergido. Dos de esos acontecimientos han interesado profundamente a los investigadores y vale la pena citarlos.

El primero de ellos sucedió hace unos treinta y cinco mil años, cuando el hombre de Neanderthal, que ya convivía con el de Cromagnon, empezó a enterrar a sus muertos. Este hecho no hubiera tenido tanta importancia si hubiera sucedido en un lugar concreto del mundo, pero paradójicamente se produjo en diferentes sitios a la vez, en lugares tan alejados como Alemania e Iraq, separados por una distancia que podía tardar en recorrerse en aquellos tiempos varios años. Sin embargo, esto ocurrió como si todos los hombres de Neanderthal sujetos a una misma resonancia mórfica recibieran el mensaje de que hay que enterrar a los muertos y no abandonarlos a merced de la fieras.

El segundo suceso acaeció en el siglo VI a. de C., cuando de pronto se produjo una gran eclosión filosófica, y un movimiento de iniciación y búsqueda interior surgió a la vez en diferentes lugares del mundo. En la India se escribieron algunos de los Upanishads, apareció la filosofía *samkhia*, nació Buda y el guía del jainismo. En China nacieron Lao Tse y Confucio. En Oriente Medio nació Zoroastro, el impulsor del mazdeísmo. En el mundo hebreo aparecieron los profetas e Isaías anunció la venida del Señor. En Grecia fue el tiempo de los presocráticos, Pitágoras y su escuela, además de Heráclito. ¿Qué aconteció para que todo este saber apareciera en un momento concreto? Posiblemente tendríamos que buscar las respuestas en la teoría de Sheldrake.

Un orden implicado que se encuentra plegado en la naturaleza

David Bohm fue sin duda uno de los científicos más revolucionarios y contestatarios de la Nueva Era. Era un hombre de gran carisma que pasó horas y horas hablando con su amigo Krishnamurti con quien mantuvo largos diálogos que le ayudaron a dar un giro místico a su mentalidad. Llegó a ser muy popular en todo el mundo cuando publicó *Teoría cuántica* en 1952, aunque sus ideas místicas y pacifistas no fueron demasiado bien vistas en Estados Unidos; durante el maccarthysmo hubo de comparecer ante el Comité de Actividades Antiamericanas bajo la acusación, carente de fundamento, de que él y algunos otros compañeros del laboratorio de radiación de Berkeley simpatizaban con el comunismo. Bohm, que creía apasionadamente en la libertad, se negó a declarar por razones de dignidad personal, lo que le valió la acusación de desacato al Congreso. Como consecuencia no le fue renovado su contrato universitario y abandonó su país. Aunque más tarde fue absuelto del cargo de desacato y se le permitió volver a Estados Unidos, prefirió quedarse en Londres hasta su muerte, en 1992.

Influido por los antiguos textos sagrados de la India y el budismo, Bohm planteó la teoría de que cualquier elemento del universo contiene la totalidad del mismo, la cual incluye tanto la materia como la consciencia. Vemos cómo el tema de la consciencia va apareciendo entre los científicos como una realidad de gran importancia en las investigaciones. Más adelante veremos cómo los herederos de la Nueva Era, los adeptos del movimiento transpersonal, dan una enorme importancia a este factor en todos sus trabajos e investigaciones.

Bohm también afirmaba que existían otros planos de la realidad a los que sólo podíamos tener acceso a través de los estados místicos, extáticos o modificados de la consciencia. No olvidemos que esta ideas eran defendidas por uno de los científicos más importantes del mundo.

Para Bohm vivimos inmersos en un entramado multidimensional en el que mente y materia aparecen como ondulaciones. Toda la creación está misteriosamente conectada «en un estado de interminable flujo, o doblado y desdoblado», y muchas de las leyes que lo rigen sólo las comprendemos muy vagamente.

En cierto modo, se asemeja al universo de la filosofía del tao, constituido por opuestos interdependientes siempre en lucha, fluyendo y refluyendo, o al cosmos de los hindúes, eterno y global ciclo de creación, destrucción y renacimiento.

Para Bohm la naturaleza tiene un propósito mucho más profundo de lo que parece superficialmente, y la evolución es más bien un signo de la inteligencia creadora de la materia, que explora estructuras diferentes que van mucho más allá de lo necesario para sobrevivir. Según Bohm, es posible que el proceso evolutivo esté ordenado interiormente; él recalcaba la existencia de un orden «implicado» que se encontraba «plegado» en la naturaleza y se desplegaba gradualmente a medida que el universo evolucionaba, haciendo que así emergiera la organización subyacente.

Bohm describía este orden implícito o plegado con la analogía de un holograma; sin embargo, este concepto le resultaba demasiado estático y prefería hablar de «holomovimiento», pues afirmaba que la realidad se envuelve y se desenvuelve constantemente, entre el orden implicado y el manifiesto, y lo hace a un ritmo tal que el mundo visible aparece como uniforme.

Recordemos que el hololograma es una representación tridimensional creada con la ayuda del láser. Y uno de los experimentos que más convenció a Bohm de que su teoría era exacta se basa en el misterio de que, después de romper una placa holográfica, cualquiera de los trozos resultantes contiene por entero la imagen original. Cada fragmento no puede considerarse separadamente del conjunto; cada parte contiene la totalidad. Es decir, si nosotros tenemos una placa fotográfica que representa la torre de Pisa, y aquella placa se rompe en cinco mil pedazos, todos los trozos, por pequeños que sean, permitirán ver la torre de Pisa completa.

Nuestro cerebro trabaja como un holograma

La teoría del holograma de Bohm nos transporta a otra también muy en boga en el nuevo paradigma. El creador de esta teoría es Karl Pribram, un neurocirujano que ha dirigido investigaciones sobre el cerebro en las universidades de Yale y Stanford. Pribram formuló la revolucionaria teoría holonómica del funcionamiento cerebral, según la cual el cerebro podría trabajar como un holograma. En tal caso el mundo sería un holograma al operar el cerebro de esta forma, un mundo maya, como afirman las religiones orientales: un entorno de apariencia mágica en el que la materialidad concreta es una ilusión.

Para Pribram la realidad no es tal como la perciben nuestros ojos, y nuestro cerebro conforma matemáticamente la realidad «sólida» mediante la interpretación de frecuencias provenientes de una dimensión que transciende el espacio-tiempo. Así, el cerebro sería un holograma que interpretaría un universo holográfico, y nosotros seríamos realmente participantes en la realidad, observadores que afectarían a lo observado.

Pero Pribram llega aún más lejos y habla también de una región cerebral profunda que parece estar implicada en la experiencia mística de la «consciencia sin contenido», donde ciertas frecuencias nos llevarían a estados trascendentales.

Si seguimos su teoría tenemos que, si el cerebro funciona como un holograma, podemos tener acceso a un todo mayor, a un campo o a una «esfera de frecuencias holísticas» que trascendería los límites espaciales y temporales, y que podría ser muy bien el dominio de la «unidad en la diversidad» trascendental, descrito y experimentado por los grandes místicos.

El regreso de la filosofía perenne

Todas estas teorías y los principios que la suscitan hacen que recordemos a Aldous Huxley, el autor de *Un mundo feliz* y *Las puertas de la percepción*, fallecido en 1975.

Aldous Huxley inició su carrera de escritor como novelista para convertirse a posteriori en ensayista y místico. En 1953, el Dr. Humphry Osmond le suministró mescalina para que experimentase con ella y, más tarde, también utilizó el LSD y la psilocibina. Los resultados de estas experiencias se encuentran recogidos en la obra *Las puertas de la percepción*, donde Huxley nos habla sobre los fenómenos de la consciencia a partir de la siguiente hipótesis de trabajo: «La consciencia está en todo».

En 1946 publica *La filosofía perenne*, en la que explica la idea de la verdad esencial única que subyace en todas las creencias religiosas; según Huxley, sólo existe una entidad divina que no puede ser aprehendida de manera directa e inmediata, sino mediante la práctica del amor en un estado de ecuanimidad, caridad y humanidad, que sería lo que en realidad nos están transmitiendo los médicos, psicólogos y terapeutas del movimiento transpersonal.

La filosofía perenne es una visión del mundo compartida en la actualidad por muchos filósofos, pensadores y científicos, especialmente los transpersonales. Se trata de un legado de la experiencia universal del conjunto de la humanidad en el que se asumen una serie de profundas verdades relativas a la condición humana y el acceso a lo divino. Este concepto casi resume y engloba todos los aspectos del campo morfogenético y la resonancia mórfica.

Para Huxley hay verdades hindúes, budistas, sufistas, taoístas o cristianas que se hallan completamente de acuerdo, y nos hablan de verdades universales y significados últimos, de algo que toca la esencia fundamental de la condición humana.

En resumen, las bases de la filosofía perenne son las siguientes:

1. El mundo y todas sus criaturas son expresiones de una realidad divina subyacente.

2. Mediante el adiestramiento adecuado los seres humanos no sólo podemos llegar a conocer dicha realidad, sino, lo que todavía es más importante, también podemos experimentar la unidad con el sustrato divino; el reconocimiento de este constituye nuestra verdadera naturaleza, la meta más elevada a la que puede aspirar el ser humano.

Sin duda todos los científicos que han impulsado el nuevo paradigma conocen los ensayos de Aldous Huxley, los cuales han logrado una profunda revisión de los conceptos del mundo y de la forma de ver la vida. Naturalmente, los seguidores de la Nueva Era también fueron lectores asiduos del escritor británico Huxley y también aceptaron su filosofía, pero cuando lo hicieron ya habían abandonado la Nueva Era, porque se había vuelto excesivamente comercial y pragmática, y habían pasado a formar parte del movimiento transpersonal.

El movimiento transpersonal

Antes de explicar qué es el movimiento transpersonal, cabe preguntarse cuándo nació esta tendencia. Para algunos surge en el seno de la Nueva Era, cuando algunos grupos de seguidores empezaron a alejarse de esta debido a su creciente comercialización y falta de seriedad. Los miembros del movimiento transpersonal formaban parte de algunos de los grupos más serios y rigurosos de la Nueva Era, tenían un mayor nivel cultural, además de una mayor profundidad de conocimientos, y eran bastante ajenos a toda comercialización y publicidad.

Para otros, a mi criterio los más acertados, el movimiento transpersonal nació en el mismo instante que se empezaron a concretar los primeros descubrimientos de la mecánica cuántica, los cuales llevaron a los miembros de esta nueva corriente a entablar profundos debates, inicialmente celebrados en el instituto Esalen, en California. Por este lugar han pasado los más celebres investigadores, científicos, médicos, psiquiatras, psicólogos, antropólogos y terapeutas. Debemos tener en cuenta que el movimiento transpersonal existió desde un primer momento y la Nueva Era supuso únicamente una forma de divulgar sus ideas a un nivel más inteligible para la población y, por lo tanto, susceptible de poder comercializarse y ser utilizado por embaucadores y aprovechados de una situación determinada.

Si preguntamos a los miembros del movimiento transpersonal cuál de estas dos hipótesis se acerca más a la realidad es probable que reconozcan que la segunda, pero inmediatamente después añadirán que esta corriente, o al menos la necesidad de trascender, ha existido siempre a lo largo de la historia de la humanidad, y que tendríamos que remontarnos a los primeros chamanes o a aquel brujo que fue enterrado ceremonialmente hace más de treinta y cinco mil años en Zagros (Iraq) con sus ajuares y semillas de plantas enteógenas. Finalmente, fieles a su especial filosofía, terminarían defendiendo que el hecho de que el movimiento exista desde hace sólo décadas o miles de años tampoco tiene demasiada importancia, pues lo único destacado es el presente, el aquí y ahora y nuestra capacidad de trascender.

Unas diferencias puntuales

Para John Rowan, autor de *Lo transpersonal*, es evidente que doblar cucharas, levitar, emplear la telepatía, caminar sobre el fuego, la radiestesia, el faquirismo y lo paranormal en general no son rasgos transpersonales. Sin embargo, sí califica como transpersonal el *self* superior y profundo, el maestro interior que nos guía, los arquetipos superiores de los que nos hablaba Jung, la supraconsciencia, las experiencias cumbre, la intuición, los estados modificados de consciencia, el logro de los chakras superiores y los sistemas de energía sutil.

Para Rowan lo transpersonal es, de algún modo, divino. Se trata de una especie de experiencia que sucede dentro de un marco sagrado en el que existe una unidad con el todo y una interacción con todo lo que nos rodea. Por supuesto lo transpersonal no se encuentra dentro de la Nueva Era, ya que, según sus propias palabras, «la actitud de esta me parece muy poco discriminativa e incluso, en ocasiones, abiertamente contraria al uso de la razón». Rowan también ha criticado fervientemente las publicaciones de la Nueva Era, toda esa enorme cantidad de obras que llenan estantes de librerías, y dice al respecto: «Cuando observo los anaqueles de la sección de libros dedicados a la Nueva Era, lo único que puedo encontrar en común entre todos estos llamativos títulos es que no sólo constituyen una mezcolanza indiscriminada de lo bueno, lo malo y lo peor, sino que parecen especialmente destinados a personas sumamente crédulas».

Es evidente que entre el movimiento transpersonal y la Nueva Era existe un abismo bastante profundo. Creo que a medida que el interés intelectual de los seguidores de la Nueva Era aumente, y vayan arrinconando su excesos de credulidad e ingenuidad, se irán poco a poco incorporando al movimiento transpersonal, que es más riguroso, indiferente a los aspectos comerciales y únicamente está interesado en la investigación de las experiencias que pueden realizar mediante sus técnicas y trabajo personal.

Pero ¿qué es en definitiva el movimiento transpersonal?

Voy a tratar de responder a la pregunta que encabeza este apartado, aunque no resulta sencillo hacerlo en unas pocas líneas. Indudablemente no puedo responder con una simple definición, sino tan sólo explicar las características principales de este movimiento.

No se puede decir que el movimiento transpersonal haya sido creado por alguien o por un grupo concreto de personas, sino que más bien se trata de algo orgánico que ha crecido y ha ido propagándose como una red por todo el mundo, sin líderes, sin estructuras y sin administraciones que lo supervisen. Tampoco se ha limitado a cerrar sus filas a determinadas personas, es decir, académicos de distintas disciplinas, sino que se trata de un movimiento que se ha mantenido abierto a todas las personas que compartían un mismo interés en su visión del mundo y, especialmente, en la filosofía del nuevo paradigma. Ya he dicho que no existen gurús ni maestros, ya que todos sus miembros se sienten iguales a los demás y su único propósito es la implicación en la creación de las realidades internas de cada uno.

Es evidente que los miembros del movimiento transpersonal trabajan con el objetivo de trascender su propio yo, ese condicionamiento que todos llevamos inevitablemente dentro y que, además de dificultar nuestro crecimiento interior, nos hace ver el mundo desde una particular perspectiva irreal.

El movimiento transpersonal existe en todas las culturas, tradiciones y filosofías. Sus miembros no tienen ambiciones mundanas, sólo sienten la necesidad de hallar la fuente de la sabiduría en su propia experiencia interior para luego poder transmitir esta técnica a otros compañeros del mismo movimiento.

Ante todo recordemos que la experiencia interior de la trascendencia será propia y particular de cada uno, compuesta por la suma de todos los conocimientos adquiridos en este mundo, con sus infiernos y momentos de felicidad, más toda la información genética y transgenética. Pero este es un aspecto que ya desarrollaremos más adelante.

El movimiento transpersonal tampoco tiene raíces en la política, un aspecto que consideran como una muestra de la decadencia de la humanidad, ya que, para ellos, la única política aceptable sería la antropolítica, cuyo objetivo sería el bien del ser humano y su desarrollo en nuestro planeta para alcanzar la felicidad. Así, los sistemas políticos actuales, para los seguidores del movimiento transpersonal, se encuentran desfasados y corresponden a otro estadio o nivel de la mente humana, aún poco evolucionada. Esto se debe a que los miembros del movimiento transpersonal buscan un crecimiento distinto que pueda abarcar la totalidad del ser, sin ambiciones personales ni ansias de poder, que, al llegar el final de la existencia, no tienen mucha utilidad para sus poseedores.

En los peldaños del misticismo

El movimiento transpersonal tienen un gran respeto por todas las religiones y tradiciones. No se apoya en ninguna creencia específica, más bien pone en cuestión el contenido de todas, pero es respetuoso con ellas, ya que no dejan de ser vías para alcanzar la espiritualidad necesaria en la actitud transpersonal. Es evidente que lo transpersonal es, en cierto modo, una experiencia puramente individual que puede expresarse o no mediante una terminología religiosa. Si bien es cierto que constituye la vanguardia de la psicología, conviene destacar que se ubica en los peldaños del misticismo y que, como tal, puede resultar accesible a todo el mundo.

En ese contexto religioso quiero detallar un hecho significativo que ha sido ampliamente estudiado por los psicólogos transpersonales. Se ha podido observar que muchas personas que han vivido experiencias individuales transpersonales llegan a encontrarse con ciertas divinidades. Resulta evidente que estas se corresponden, en el mayor número de casos, con arquetipos comunes para muchos individuos. Por ejemplo, es más lógico que una persona con una educación cristiana tenga en su experiencia transpersonal una visión del Dios cristiano o una aparición mariana, es decir, de la Virgen María, o que reciba imágenes de símbolos relacionados con el cristianismo como la cruz, el cáliz, etc. Un individuo nacido y educado en un entorno oriental, con una religión budista, seguramente se encontrará con Buda, y un musulmán contemplará a Mahoma o los símbolos de su religión. Esto no quiere decir que al trascender se tengan siempre visiones religiosas, pues también es posible que incluso un agnóstico o un ateo experimenten estas visiones que seguramente transformarán sus propias creencias. Asimismo puede ocurrir que, pese a estar educado en una determinada religión, se acceda a dioses de antiguas civilizaciones, gracias al acceso a la memoria genética.

En definitiva, la teoría transpersonal requiere la experiencia religiosa, y la espiritualidad debe tratarse como una vivencia, ya que los resultados de la psicología transpersonal sólo se consiguen a través de la experiencia directa.

Antes de entrar en las experiencias transpersonales y los estados modificados de consciencia es necesario hablar de tres personajes que han transformado la etnobotánica, la psiquiatría-psicología y el nuevo pensamiento transpersonal.

La dietilamida del ácido lisérgico

No voy a pronunciarme en cuanto a la utilización de ciertas sustancias químicas para alcanzar determinados estados de la mente. No es mi intención hacer proselitismo de ellas, pero se trata de una realidad que está ahí y que en la actualidad puede ser muy polémica, con el ejemplo paradigmático y controvertido de la marihuana. Quiero recordar que la polémica sobre esta sustancia ha llegado incluso hasta la Organización Mundial de la Salud (OMS), como se recogió en diversas publicaciones (*El País*, *La Vanguardia*, *El Periódico*, *Ciencia y vida*), al ocultar este organismo los aspectos benéficos de la marihuana y no destacar que era menos perjudicial que el alcohol y el tabaco. Por otra parte recordemos que la marihuana es legal en una quincena de estados norteamericanos (entre ellos, California) y en los Países Bajos, por ejemplo. Pero existen otros enteógenos como el peyote, la ayahuasca, la ruda siria o la conocida *Amanita muscaris*, que crece en los Pirineos y en el Prepirineo.

Indudablemente hay otras sustancias que debemos considerar como drogas destructivas, como la heroína, el opio o la cocaína, aunque es costumbre masticar las hojas de la coca (la planta de la que se deriva la cocaína) en la zona de los Andes ya que se considera que es un oxigenador necesario. Así, a partir de este momento designaré como enteógenos (término acuñado por Wasson) a aquellas sustancias que se emplean para alcanzar estados trascendentes y que difícilmente producen algún tipo de hábito.

El primero de los personajes referidos anteriormente es Albert Hoffmann, considerado el padre de la cultura psicodélica. Químico, intelectual y escritor, sintetizó en 1942 la dietilamida del ácido lisérgico (LSD) por casualidad, debido a que ingirió unos miligramos de esta sustancia, que había sintetizado parcialmente en 1938, a partir de la ergometrina, un derivado del cornezuelo del centeno, un hongo parásito.

Hoffman también sintetizó la psilocibina, el principio activo enteógeno de los hongos usados ritualmente durante milenios por los indígenas

americanos, además de estudiar los principios psicótropos del ololiu-
qui, un vegetal usado por los chamanes americanos.

La venta libre del LSD produjo una revolución entre los intelectuales
del Mayo de 1968, y también entre otras muchas personas que pensa-
ron que la ingestión de este potente enteógeno podía tomarse a broma
sin estar preparado mental y psicológicamente para su consumo. Así,
muchos sólo llegaron a lo que sus escasas y poco educadas mentes les
daban acceso: es decir, a ver luces y colores. Sin embargo, otros con
más cultura y conocimientos empezaron a profundizar en su mente, en
las estructuras del universo y en el misticismo.

Drogas sagradas

Hoffmann ya advirtió que: «Los indios usaban estas sustancias de la manera correcta. Estas drogas son sagradas y las empleaban dentro de un
marco ceremonial; se preparaban mediante la contemplación y la oración antes de tomarlas. El uso del LSD en la calle, fuera de un marco
contemplativo o ceremonial, produce unos efectos desastrosos».

El padre del LSD distribuyó esta droga en diferentes centros clínicos
para que hiciesen pruebas entre sus pacientes. Uno de ellos, del que
hablaremos más adelante, fue Stanislav Grof, quien realizó importantes
avances en la curación de la esquizofrenia y otras enfermedades mentales con LSD.

Hoffmann, que falleció el 30 abril de 2008 a los ciento dos años,
abogaba por que se tuviera acceso al LSD, la psilocibina o la mescalina para un uso médico y espiritual. Destacaba que eran «vitaminas espirituales», «tomadas como diversión son muy peligrosas, hay que estar
preparado, concentrado en un sentido espiritual, ya que intensifican lo
que uno lleva dentro y vivifican los aspectos anímicos; pero si uno está
preparado para una experiencia más profunda, intensificará ese proceso». También recordaba que, gracias a los enteógenos, «la gente ha tenido la experiencia de formar parte de la naturaleza y, gracias a ello,

asumir que es un deber conservar la naturaleza y vivir en armonía con ella».

Las declaraciones de Hoffmann pueden parecer escandalosas, pero su personalidad hace necesario ser muy prudentes a la hora de recharzarlas, ya que no sólo fue doctor en Farmacia y en Ciencias Naturales, sino que también fue jefe de laboratorios, de la farmacéutica Sandoz y miembro del comité del premio Nobel, de la Academia Mundial de Ciencias, de la Sociedad Internacional de Plantas y de la Sociedad Estadounidense de la Farmacognosia, además de recibir diversos doctorados honoris causa en varias universidades.

Hoffman estuvo en Barcelona en julio de 1997 en las II Jornadas sobre Sustancias Alucinógenas, donde un periodista le preguntó si se arrepentía de haber descubierto el LSD, a lo que contestó: «¡Cómo habría de arrepentirme! Yo buscaba un medicamento convencional y resulta que encontré una medicina para el espíritu».

Hoy el LSD está prohibido; sin embargo, no lo están los hongos en los que podemos encontrar la sustancia de una forma pura, aquellos que usaban los chamanes y con los que están trabajando muchos grupos de California para explorar las profundidades de la mente.

Los dominios perinatales

Stanislav Grof está considerado como uno de los psiquiatras más importantes de la historia, a un nivel comparable al de Freud, Jung y Assagioli. Grof estudió durante veinticinco años las drogas psicodélicas y las técnicas relacionadas con ellas. Fue uno de los pioneros en trabajar con el LSD y usarlo en las terapias con sus pacientes, gracias a la muestras que le suministró Hoffmann. Pero, al margen de todo esto, se le considera uno de los fundadores de la psicología transpersonal.

Ya hemos relatado someramente la biografía de Grof en el apartado final de la primera parte. Sólo me gustaría recordar alguno de sus descubrimientos más importantes, las matrices perinatales básicas, los tres niveles de la consciencia humana: autobiográfico, perinatal y transpersonal.

Grof introdujo la noción del sistema COEX (*system of condensed experience*), que puede definirse como una constelación específica de memoria que forma una experiencia condensada de los diferentes periodos de la vida del individuo. Así, una misma persona puede tener diferentes COEX que funcionen de manera autónoma, y ser positivos y negativos.

Stanislav Grof mantiene que la regresión al nacimiento biológico es la experiencia terapéutica principal, un nivel donde el sujeto se abre a la dimensión espiritual, tanto si es creyente como ateo. Grof distingue cuatro tipos de experiencia perinatal, a las que denomina BMP (*basic perinatal matrix*):

— BMP1 (unión primaria con la madre): este nivel de la vida intrauterina precede a los primeros movimientos de expulsión; aquí se sitúa el éxtasis, la experiencia de unidad cósmica, las visiones paradisiacas, siempre que la vida uterina haya sido normal. También se asocian experiencias transpersonales, memorias raciales y evolutivas, encuentros con fuerzas metafísicas y reencarnaciones del pasado.
— BMP2 (antagonismo con la madre): este nivel empieza con la presión en el útero. Grof sitúa aquí la experiencia del infierno, las situaciones de salida, las ideas de influencia maligna, los seres de otros planetas, los dragones, los monstruos y otros mundos subterráneos.
— BMP3 (sinergia con la madre): en esta segunda fase del parto se da la propulsión, el estadio del éxtasis volcánico y el mito de la expulsión del paraíso. Viene acompañado de imágenes geométricas y explosivas, de fuego purificador y visiones asociadas a rituales y sacrificios.
— BMP4 (separación de la madre): experiencia de muerte y renacimiento, identificación con Cristo, Osiris, etc. Se vive la muerte del yo, visiones de luz, y una sensación liberadora de amor incondicional y universal.

La emergencia espiritual

Stanislav Grof y su esposa Christina comparten trabajos y libros, y en 1980 fundaron un centro de emergencia espiritual. El Spiritual Emergence Network es una red internacional de ayuda, apoyo, información y educación a las personas que pasan por una crisis de transformación. Para ellos, y para muchos psicólogos y miembros del movimiento transpersonal, hay muchas personas en el mundo que atraviesan crisis profundas, en las cuales escuchan voces, tienen apariciones, acceden a otras realidades, se desdoblan, etc. Estas personas se encuentran en una situación difícil en la sociedad, ya que si cuentan lo que les acaece a la gente que les rodea los toman por locos y terminan llevándolos a psiquiatras ortodoxos que los atiborran de ansiolíticos o deciden trasladarlos a algún centro de reposo. Temerosos de que esto suceda, muchas personas no hablan de lo que les sucede y se limitan a sufrir interiormente estas circunstancias que no saben interpretar y que, a veces, causan que ellos mismos crean que están atravesando un estado de locura, por lo que entran en profundas y terribles depresiones. Para Grof y su esposa, estas personas se hallan en un estado de emergencia espiritual, es decir, en una situación en la que la consciencia emerge y se manifiesta mostrando todas las facultades que la mente humana es capaz de alcanzar.

Para atender a estas personas, Grof y su esposa crearon el teléfono de la emergencia espiritual, en el cual estas personas pueden hablar sobre su situación y encontrar por primera vez a alguien que las escucha con seriedad y no considera que están locas; es más, muchas veces se las invita a tener un encuentro personal donde se les facilitarán libros y documentación adecuada y útil para comprender su estado. También se les invita a participar en sesiones y trabajos de meditación, y a aprender técnicas que les permitirán controlar estas facultades sin complejos y con un equilibrio psíquico. Indudablemente estas personas terminan incorporándose al movimiento transpersonal, cambian sus valores vitales y se dedican a desarrollar su potencial interior.

El tercer personaje al que me voy a referir es Ken Wilber, tal vez uno de los investigadores más importantes de finales del siglo pasado y el teórico fundamental de la psicología transpersonal. Licenciado en Bioquímica, es practicante del budismo zen y está considerado como una de las mayores autoridades mundiales en el estudio de la consciencia. Ha realizado una inapreciable síntesis de las distintas disciplinas de la psicología moderna, las corrientes filosóficas pretéritas y presentes, y las grandes tradiciones espirituales, para desarrollar la tesis conocida con el nombre de *proyecto Atman*, que consiste en el impulso de Dios hacia Dios, de Buda hacia Buda, de Brahma hacia Brahma. Esta teoría defiende que Dios se encuentra en todos los seres para desarrollar su consciencia a fin de que lleguen a convertirse en semejantes a Él.

Pero, sin duda, el trabajo más destacado de Wilber es lo que él llama la *gran cadena del ser*, donde se enfrenta de manera interdisciplinaria con el conjunto de la evolución humana y cósmica. Este importante desarrollo ha sido comparado a libros como *El fenómeno humano*, de Teilhard de Chardin, y colocado a la altura, según algunos, de *La interpretación de los sueños*, de Sigmund Freud, o *El origen de las especies*, de Charles Darwin. Wilber ha realizado un excelente desarrollo de la gran cadena del ser desde el ser uróborico (primitivo) hasta el transpersonal, pasando por todos lo estadios de la mente del hombre e interpretando la situación actual hasta extrapolarla a unos futuros seres evolucionados que bordearían la divinidad.

Sin duda, los tres personajes citados son los más importantes exponentes del movimiento transpersonal, aunque ellos no se consideren miembros de ningún movimiento, pues no desean ningún protagonismo y lo único que les interesa es seguir experimentando en ellos mismos para avanzar en su estado evolutivo, a la vez que ayudan a los demás transmitiéndoles sus experiencias y alentándolos a trabajar en sí mismos. Es indudable que sus conocimientos, especialmente en el caso de Grof, le permiten desarrollar talleres donde enseñar a la gente la forma de trascender, lo que, dentro del movimiento transpersonal, se considera la *experiencia transpersonal*.

La experiencia transpersonal

Es difícil definir las experiencias transpersonales, pues se trata de unos acontecimientos en los que el sentido de la propia identidad se puede expandir más allá de la imagen corporal y abarcar a otras personas, a grupos enteros o a toda la humanidad. Se pueden trascender las barreras humanas y conectar de una forma real con animales, plantas u objetos, como nos han enseñado los chamanes, que practican esto sin grandes dificultades. También se pueden experimentar vivamente sucesos históricos, ancestrales e incluso futuros, ya que, al trascender, nos encontramos como aquellas partículas de la física cuántica de las que formamos parte, en las cuales la flecha del tiempo ha perdido toda la realidad y carece de valor.

Los caminos de la trascendencia son el «despertar» del que hablaba Gurdjieff, y comenzar a hacer esto significa ser capaz de ver el mundo desde una perspectiva más amplia que la limitada e individual de esta vida humana. El entrenamiento y la práctica de diversas disciplinas espirituales nos pueden ayudar a trascender; a través de ello se modifica nuestra limitada forma de vernos a nosotros mismos y al mundo que nos rodea, y lo observamos todo de una forma más amplia y universal.

La experiencia transpersonal está íntimamente ligada a los estados modificados de consciencia. Estos estados pueden alcanzarse de dos formas: ingiriendo enteógenos o potenciando las sustancias endógenas que producen nuestra mente y cuerpo. En ambos casos siempre se tratará de una experiencia personal, íntima e intransferible, cuyo contenido dependerá de nuestras facultades intelectuales, conocimientos, ética y moral, además de nuestros recuerdos genéticos y cósmicos.

Sustancias enteógenas y endógenas

La primera manera que citábamos de alcanzar los estados modificados de consciencia es a través de la ingestión de enteógenos, de los cuales existe una larga lista: datura, belladona, mandrágora, marihuana, harmal, iboga, efedra, kat, *Amanita muscaris*, cornezuelo del centeno, adormidera, peyote, ayahuasca, cactus de San Pedro, lechuga silvestre, etc.

La segunda forma de llegar a esos mismos estados modificados de consciencia es potenciar nuestras sustancias endógenas, que son aquellos que segrega nuestro cerebro y que son diferentes a las enteógenas que encontramos en la naturaleza, aunque los componentes de ambas sean los mismos.

Josef Zehentbauer, que ha estudiado estas sustancias y la capacidad que nos ofrecen de alcanzar estados modificados de consciencia, plantea lo siguiente:

1. Las drogas endógenas ofrecen una nueva respuesta al antiquísimo enigma espíritu-materia y alma-cuerpo.

2. Todas las drogas importantes que utiliza la medicina como terapia son fabricadas de forma similar por el propio organismo humano.

3. Con la ayuda de las drogas endógenas se pueden estimular, de una forma determinada, ciertas características y capacidades.

Las principales sustancias endógenas que segrega nuestro cuerpo son las siguientes:

— Acetilona: es la sustancia que transporta nuestros pensamientos. Sin ella mostraríamos comportamientos ilógicos y fallos de memoria. Produce en el cerebro excitación y percepción de sensaciones externas.

— Adrenalina y noradrenalina: la primera es una sustancia mensajera del cerebro que nos permite reaccionar en situaciones de amenaza. Permite tomar más oxígeno y una mayor actividad muscular. La segunda, la noradrenalina, puede producirnos una mayor consciencia, un estado de ánimo positivo y una agudización de la recepción de los sentimientos.

— Componentes psicodélicos endógenos: el cerebro también puede desarrollarlos.
— Dopamina: también es una sustancia mensajera de nuestro cerebro. Nos produce un elevado estímulo mental, un aumento de la espontaneidad emocional y motora; fomenta la concentración y atención, es antidepresiva, contribuye a nuestro equilibrio sexual, mejora el sistema inmunológico y nos produce un estado de armonía total.
— Endorfinas: son moléculas endógenas de morfina; calman el dolor, proporcionan nuevos ánimos y están estrechamente ligadas al ácido gamma-aminobutírico, que es la principal sustancia mensajera del cerebro. Las endorfinas inhiben nuestro dolor, nos tranquilizan, producen estados de ánimo agradables e incluso de éxtasis, además de aumentar el sentido de la vista, el olfato y otras percepciones.
— Valium endógeno (endovalium): fue descubierto en el cerebro humano en 1977. Sus principales características son que nos produce un efecto tranquilizante, sube el estado de ánimo, suprime los miedos y produce un estado de armonía interna.

Hoy sabemos que todo un conjunto de técnicas estimulan estas sustancias de nuestro cerebro y nos llevan a estados modificados de consciencia tan importantes como las que podemos alcanzar con la toma de enteógenos.

Las técnicas para trascender

Vamos a dar un breve repaso a estas técnicas para conocerlas brevemente, ya que son las herramientas principales en muchas escuelas y talleres de trabajo.

Por un lado están las técnicas respiratorias, muchas de ellas venidas de Oriente a través del budismo, el zen y el tantrismo. Otras se han creado en Occidente, como las hiperventilaciones, y, entre ellas, la más potente es la llamada *respiración holotrópica*, que fue creada por

Stanislav Grof y que consiste en una hiperventilación que se combina con músicas evocadoras escogidas al respecto. Las sesiones duran entre tres y cinco horas, y los discípulos llegan a experimentar estados profundos en los que conectan con momentos importantes de su existencia, situaciones perinatales, otras vidas e incluso llegan a contactar con la naturaleza, con seres fallecidos o con divinidades.

Otras técnicas son las asociadas a la meditación, ya sea budista, zen, sufí o combinada con el yoga. Una perfecta meditación, con varios años de experiencia, lleva a los discípulos a potenciar las sustancias endógenas del cerebro y alcanzar estados modificados de consciencia que pueden conducirlos al éxtasis o la divinidad, como insisten los budistas.

La utilización de estímulos sensoriales también es una forma de potenciar las sustancias endógenas. Así, las técnicas de iluminación intensiva, las luces de varios colores, los sonidos producidos por las vibraciones de los cuencos tibetanos o la repetición de mantras o músicas determinadas pueden llevar también a esos estados trascendentes. Y el estímulo contrario, es decir, el silencio producido por un aislamiento o por estar en una cámara de silencio tienen un efecto parecido.

Los ayunos prolongados, la privación de sueño, los baños de agua caliente y fría, los esfuerzos muy grandes y los espacios llenos de vapor producido por piedras calientes son algunas de las técnicas que utilizan los chamanes para potenciar las sustancias endógenas, las cuales desatan en nuestro interior estados modificados de consciencia.

El trabajo con mandalas y la concentración durante horas en estos dibujos mediante profundas meditaciones se convierte en otro elemento potenciador para llegar a estados modificados de consciencia, así como las danzas de trance, que ya han sido utilizadas a lo largo de toda la historia de la humanidad, como las antiguas danzas que se realizaban en los templos de los oráculos griegos o la actual danza vudú. También es el caso de los derviches sufíes giróvagos, que dan vueltas sobre sí mismos al tiempo que se concentran en su corazón y escuchan la música que les acompaña en esta danza cósmica.

La sexualidad tántrica también es una forma de potenciar estas sustancias del interior de nuestro cuerpo. A través de ella se llega al éxtasis y a trances increíbles, al margen de potenciar los chakras y las energías con el fin de «despertar» la kundalini, esa serpiente que se encuentra enrollada en el último chakra de nuestro cuerpo y que, una vez activa, asciende por todos los chakras hasta llevarnos a un estado superior de consciencia, semejante al que se puede alcanzar con la meditación o cualquier otro sistema.

Nuestros sentidos perdidos

Para muchos investigadores el ser humano posee otros sentidos que no ha desarrollado; otros, que quizá se dejan llevar por su fantasía, creen que hace muchos miles de años el hombre poseía muchos más sentidos, que ha ido perdiendo paulatinamente. Nada parece indicar que este último argumento sea verdad, pero sí es evidente que si tuviéramos desarrollados otros sentidos veríamos el mundo de otra forma diferente y, tal vez, tendríamos acceso a otras realidades, a las que sólo podemos acceder cuando alcanzamos estados modificados de consciencia.

Hoy nos movemos guiados por cinco sentidos, alguno de los cuales casi estamos perdiendo. El ruido de las grandes ciudades maltrata nuestro oído hasta tal punto que es incapaz de oír los pequeños sonidos que concurren en un bosque, como el movimiento de las hojas o el crujido de las ramas. El tacto también empieza a deteriorarse y ya no sabemos si una piel es sintética o artificial. El gusto pierde los miles de sabores capaces de deleitarnos debido a las especias, el tabaco y los edulcorantes y conservantes artificiales. Nuestro olfato está muy lejos de equipararse al de los primitivos seres humanos, que eran capaces de sentir la presencia de un animal a kilómetros de distancia. Y la vista está cada vez más maltrecha debido a la iluminación artificial, los televisores y las pantallas de los ordenadores. A estos cinco maltrechos sentidos habría que añadir un sexto que aún perdura en muchas personas, la intuición.

Según algunos expertos, hace miles de años poseíamos el sentido de la intuición, pero poco a poco se fue perdiendo. Esta fue sustituida en el hombre por el instinto, aunque en la mujer aún perduró entre las sacerdotisas, magas y pitonisas de los oráculos. Por esto, hoy en día se encuentra más presente entre las mujeres que entre los hombres.

Muchos talleres de trabajo de la Nueva Era, y especialmente del movimiento transpersonal, han desarrollado una serie de técnicas para trabajar y recuperar la intuición, en las que se combina captar este sentido con el análisis onírico, un trabajo serio que requiere un seguimiento profundo y mucha constancia por parte de los discípulos que aún poseen trazas de este sentido en su memoria.

Más allá de nuestros sentidos ordinarios

Pero el trabajo para trascender o alcanzar estados modificados de consciencia no se limita exclusivamente a la intuición, ya que nos vincula a situaciones que nunca podremos experimentar con nuestros sentidos ordinarios.

A través de los estados modificados de consciencia los seguidores del movimiento transpersonal han conseguido conectar con seres de otros universos, semejantes a dioses, ángeles o recreaciones mitológicas. Esto se sale del mundo convencional y no se debe sólo a la capacidad neuronal de almacenamiento de recuerdos y de información, ya que, por una parte, se desafían los fundamentos de la visión de nuestro mundo, y por otra se rememoran hechos, historias o encuentros que las personas que viven estas experiencias nunca habían conocido. Así, se trata de situaciones que van más allá de los conceptos neurofisiológicos habituales, debido a que se entra en espacios temporales que están fuera de los límites convencionales de la psique individual.

Los estados trascendentes llevan a las personas a desarrollar fuerzas energéticas interiores capaces de curarles a sí mismos o a otras personas, lo que se conoce como *crisis chamánica*, ese estado en que entran los curanderos para llevar a cabo sus sanaciones. También puede ocurrir que se despierte el centro kundalini, creando una gran campo de energía que rodea al cuerpo y lo eleva psíquicamente. En otras ocasiones se disuelven las fronteras personales y el sujeto se convierte en parte integrante de la naturaleza y el universo entero dentro de lo que se denomina una *experiencia cumbre*.

Podría hablar de otras transformaciones personales como el concepto de atman o lo divino dentro de sí. Incluso hay casos de apertura psíquica que llevan al individuo a desarrollar toda una batería de fenómenos paranormales. También hay quien llega a tener experiencias de vidas pasadas y quien se comunica con seres que le guiarán en el futuro y que pertenecen a otro plano de la realidad en que vivimos.

Claves de la trascendencia

A veces estas facultades eclosionan inesperadamente en las personas: se trata de un concepto que ya he explicado con anterioridad, la emergencia espiritual. En otros casos se trata de pequeños acontecimientos que aparecen ante nuestros ojos y despiertan nuestro interés; por ejemplo, un sueño premonitorio, un desdoblamiento, una intuición que nos salva la vida, un accidente que nos lleva al borde de la muerte y nos permite acceder a ese túnel luminoso, el descubrimiento de que podemos sanar con las manos, el encuentro con un ser luminoso, etc. Todo ello despierta nuestro interés por el tema y hace que leamos libros y artículos, y que un día decidamos acudir a una conferencia o a un taller donde comenzamos a trabajar sobre nosotros mismos. Este es un momento peligroso para nuestro progreso interior porque podemos caer en manos de falsos maestros o en centros cuya enseñanza es deficiente y nos hará retroceder en vez de progresar. Hay un dicho que nos advierte sobre que el verdadero maestro aparece en el momento que uno está preparado; así pues, no debemos tener miedo si nuestro conocimiento es firme, ya que sabremos discernir entre lo verdadero y lo falso.

Todas las escuelas advierten de que existen unas claves para trabajar en nosotros mismos, las cuales debemos conocer cuando nos hemos decidido a explorar y experimentar el mundo transpersonal. Son las siguientes:

1. No debemos malgastar nuestras energías en aspectos profanos, en luchas por el poder o en la supremacía de nuestros egos. No debemos enfadarnos ni cultivar odios ni rencores que consuman nuestras energías. Debemos disponer de energía para poder acceder a esos mundos, ya que su accesibilidad depende de nuestros condicionamientos energéticos. Es evidente que no podemos meditar con el fin de trascender si nuestro ego está lleno de soberbia o almacenamos rencores hacia otras personas.

2. La existencia de esos mundos o los niveles transpersonales no es algo que dependa de nosotros ni que lo estemos creando. Se trata de otras realidades que son constantes e independientes de nuestra consciencia.

3. Debemos volver a aprender a soñar, a recordar los sueños y a analizarlos, ya que con la ensoñación reacondicionamos nuestra capacidad energética.

4. Como hemos visto en las investigaciones de la física cuántica, todos los objetos del universo son energía, incluso las personas. Por tanto tenemos que mirar a las personas como energía y advertir su fuerza, aunque no como figuras que caminan, se mueven y hablan. Pero no sólo debemos observar las energías de los demás, sino también estudiar las nuestras propias, saber cuándo están en nuestras manos, en qué momento alcanzan un grado importante y cuándo están bajas, con el fin de utilizarlas en el momento adecuado, saber qué las consume y qué factores las potencian.

5. Debemos dar siempre preferencia a los pensamientos relacionados con el infinito. Hemos de desechar en todo momento todos aquellos pensamientos que no contribuyen en nada a nuestro crecimiento interior.

6. Hay que decantarse por las actitudes positivas, pues cualquier conducta negativa nos aparta de alcanzar la trascendencia, ya que comporta aspectos nefastos y desmoralizadores.

7. Debemos ser conscientes de nosotros mismos y actuar sabiendo cómo nos movemos y de qué manera y por qué hacemos las cosas. La atención de la disciplina zen o budista es la mejor fórmula para vivir el presente. Hemos de sentirnos en cada instante y captar nuestros centros de energía, que son el origen de nuestra vitalidad. Debemos desarrollar una autoobservación.

8. Hemos de desarrollar una voluntad de trabajo inquebrantable y, sobre todo, continua. De nada sirve meditar un día y luego pasarnos tres sin hacer nada. Los ejercicios que nos propongamos para desarrollar nuestro ser, para trascender o «despertar», como dice Gurdjieff, deben ser constantes, diarios, sin tregua.

9. Hay que tomar una profunda consciencia de la experiencia cotidiana, sin resistirse al presente ni fantasear con el futuro, sin comparar diferentes momentos. Hay que vivir el día a día y experimentar en nosotros mismos todas las técnicas para trascender, pues la teoría no sirve de nada si no va acompañada de la práctica.

10. Finalmente, tenemos que saber que la avaricia, la ansiedad, el odio, la falta de amor, las ansias de poder y los condicionantes del ego inhiben el desarrollo transpersonal.

En definitiva, tenemos que orientarnos hacia la trascendencia y, para ello, hemos de sumergirnos en un nuevo paradigma de aprendizaje, donde, como si fuéramos niños, debemos aprender a aprender. Hay que estar abiertos a todo y prestar muchísima atención; considerar las nuevas ideas y no rechazarlas sin haberlas estudiado y experimentado; tener en cuenta la experiencia interior como un contexto de aprendizaje; explorar nuestro interior con sinceridad, especialmente nuestros sentimientos; educar el cerebro por completo, tanto el hemisferio derecho como el izquierdo; potenciar la racionalidad de este último con estrategias e intuiciones, y preocuparnos más por el entorno en que vivimos protegiéndolo y amándolo, es decir, desarrollándonos mentalmente hacia el concepto Gaia del que he hablado en otros capítulos.

Los hemisferios cerebrales

En el apartado anterior he citado el trabajo con nuestros hemisferios cerebrales. Los talleres de crecimiento transpersonal están centrando su interés en el desarrollo del cerebro. Debemos saber que el cerebro es el órgano humano de mayor consumo energético, ya que con sólo el dos por ciento del peso corporal consume el veinte por ciento del oxígeno total. De ahí que se dé tanta importancia a la respiración y a la necesidad de oxigenar nuestro cerebro correctamente.

En cuanto a las especialidades de cada uno de los hemisferios cerebrales destacaremos las siguientes:

1. Cada hemisferio del cerebro se ocupa principalmente del lado opuesto del cuerpo.

2. El oído tiene conexiones con la corteza auditiva situada en ambos lados, aunque las conexiones de cada uno de ellos con la corteza del hemisferio contrario son más fuertes.

3. En cuanto a la visión, la mitad derecha del espacio en ambos ojos se proyecta en la corteza visual del hemisferio izquierdo, y viceversa.

4. El hemisferio izquierdo controla la parte derecha del cuerpo en los diestros y constituye el hemisferio dominante. Está relacionado con el pensamiento analítico y lógico, especialmente en funciones de tipo verbal y matemático. Funciona de manera lineal; es el cerebro matemático, que controla la lectura, la destreza manual y la comprensión de la palabra. Los sentimientos y la felicidad parecen afectar a este hemisferio, según se ha comprobado en algunos experimentos, en los que muestra mayor actividad cuando se observa la felicidad en su rostro.

5. El hemisferio derecho controla la parte izquierda del cuerpo. Este parece estar especializado en la síntesis y su aptitud lingüística es bas-

tante limitada. Es responsable ante todo de la orientación espacial, el esfuerzo artístico, la imaginación en general, la imagen del cuerpo y la capacidad de reconocer caras. Tiene una relación mayor con las emociones y una especial percepción de las melodías. Se sabe por experimentación que la ira y la tristeza afectan más a este hemisferio que al izquierdo, ya que cuando alguien se siente triste, está más activo.

El conocimiento de las facultades de los hemisferios cerebrales puede permitir interesantes ejercicios de meditación y de relajación en los cuales podemos comprobar su eficacia a través de los siguientes hechos:

1. Cuando trabajamos especialmente concentrados en el hemisferio izquierdo, es decir, hemos anulado teóricamente el derecho, el bombardeo de verborrea cerebral tendrá relación con la escritura, los números, las lecturas que hemos realizado recientemente, conversaciones que hemos sostenido, momentos felices, etc.

2. Si estamos trabajando con el hemisferio derecho, y hemos anulado el izquierdo, el bombardeo de verborrea cerebral tendrá relación con nuestras emociones, imaginación, la música, el arte, las caras de seres conocidos, o recuerdos de momentos de tristeza o de ira.

Vemos pues que la concentración en un mandala o un símbolo afectará más a un determinado hemisferio (el derecho), mientras que la repetición de un mantra tendrá, al margen de otros efectos vibratorios, mayor repercusión en el otro hemisferio (en el izquierdo si el mantra es verbal, en el derecho si es melódico).

El cerebro se convierte en el órgano más importante de nuestro cuerpo para trascender, y como tal merece una atención especial. Si queremos desarrollarlo y evolucionarlo también precisamos unos cuidados fisiológicos en cuanto a hábitos y alimentación. Así, el cerebro precisa:

1. Una alimentación variada y equilibrada: vitaminas B_6 y B_{12}, aminoácidos, aceites vegetales, pescado, verduras, frutos secos y tres hue-

vos a la semana. Hay que evitar las grasas y es preferible una alimentación vegetariana.

2. Lípidos para el cerebro: estos constituyen más de la mitad del peso seco de nuestro cerebro. La mayor concentración de ellos se encuentra en el sistema nervioso (si excluimos esas masas de grasa que se producen en el abdomen). Los lípidos juegan un papel importante y primordial en la arquitectura de las membranas de nuestras células nerviosas. El cerebro es un consumidor de grasas esenciales, especialmente aquellas que se encuentran en ciertos aceites vegetales. Un régimen pobre en ácido alfa-linolénico (el componente del aceite de soja, de colza o de la nuez) puede ser catastrófico para el cerebro. Los frutos secos son esenciales para la alimentación cerebral.

3. El cerebro precisa gimnasia mental: esta debe ser regular. Es bueno para el cerebro el estudio de lenguas extranjeras, la lectura de libros que requieran algún esfuerzo intelectual, los crucigramas, la meditación, etc.; en general, es bueno todo aquello que haga trabajar a las neuronas.

4. El cerebro precisa una buena oxigenación: esta es vital para evitar la muerte de neuronas por falta de oxígeno o insuficiencia de este (anoxia). Por ello es preciso la práctica de deporte en alta montaña o junto al mar. La relajación, el yoga o la meditación son ejercicios que mejoran el consumo de oxígeno.

5. El cerebro también precisa un sueño equilibrado.

Por el contrario, los principales enemigos del cerebro son:

1. La hipertensión arterial y el exceso de colesterol: en ambos casos perjudican el estado de los vasos sanguíneos y aumentan el riesgo de embolias cerebrales.

2. El estrés y las tensiones.

3. La asociación de tranquilizantes y alcohol o antidepresivos: el alcohol por sí solo ya es un destructor de la memoria cerebral, y únicamente es beneficioso en pequeñas cantidades.

4. El abuso de laxativos y diuréticos: ambos deshidratan y producen crisis de excitación o abatimiento.

5. Más de tres cafés al día pueden producir «cafeísmo»: este altera el sistema nervioso y neuronal.

6. El tabaco rarifica la oxigenación cerebral y puede producir pérdida de memoria. Es sin duda un elemento peligroso para el cerebro.

El retorno de los ángeles

Me gustaría terminar hablando de dos temas que viven un momento de auge desde finales del siglo pasado: los ángeles y el milenarismo.

Una de las modas que han entrado con más fuerza entre los seguidores de la Nueva Era es la de los ángeles. Es evidente que al principio el cristianismo debió ver con buenos ojos esta tendencia que hacía volver a todos los seguidores de la astrología y otras artes adivinatorias, mal vistas por el catolicismo, a ciertas raíces bíblicas. Sin embargo, esta moda ha terminado por convertirse en una estrategia comercial que tiene poco que ver con la religión.

Como en casos anteriores la moda de los ángeles nació en Estados Unidos, aunque esta vez no en California, sino en la costa este, ya que es en las grandes ciudades, donde el estrés se hace más insoportable, en las que empezaron a aparecerse ángeles a determinadas personas, que después anunciaron esta visión y emprendieron una campaña para que todo el mundo invocara a su ángel particular, de la misma forma que en el siglo XIX se invocaba a los espíritus.

El hecho de que algunas destacadas personalidades estadounidenses afirmasen que un ángel las visitaba, como la esposa de uno de los últimos presidentes, creó la necesidad, en un país donde reina el principio de la igualdad, que todo ciudadano tuviera derecho a un ángel.

Cabe pensar si toda esta corriente no se debe en parte a la influencia de los mormones, un movimiento donde abundan los ángeles como seres transmisores de una espiritualidad perdida. Recordemos que Joseph Smith, primer profeta mormón, visionario y evangelizador, recibió tres visitas nocturnas de un ángel denominado Moroni el 21 de septiembre de 1823 en Palmyra, Nueva York. Hoy en día, el propio Smith es, para los mormones, un ángel resucitado que trabaja para el bienestar de los diez millones de adeptos que hay en el mundo.

Harold Bloom, que ha abordado ampliamente el tema de los ángeles, cree que se trata de restos de un gnosticismo que nunca llegó a desaparecer. Para Bloom el último gran gnosticismo occidental organizado fue destruido en la denominada cruzada albigense, con la que se destruyó a los cátaros, la lengua provenzal y la cultura de los trovadores. Sin embargo, para el crítico inglés, el gnosticismo aún está vivo: prueba de ello es la Nueva Era y todas sus tendencias llenas de magia, adivinación y espiritualidad, entre ellas la moda de los ángeles.

Por tanto, la industria desenfrenada del culto a los ángeles, así como las experiencias de casi muerte y la astrología no serían más que una versión disfrazada para las masas del gnosticismo.

Ponga un ángel en su vida

La moda de los ángeles llegó a España a través de revistas, libros y conferencias de algunos seguidores de la Nueva Era, llenos de amor y cargados con la bondadosa capacidad de hacer el bien de estos seres que, tras varios milenios, empiezan a dignarse a visitar a todo tipo de seres humanos.

Esta moda ha creado una auténtica industria y comercio. Hay cientos de libros sobre ángeles en el mercado y decenas de tiendas especializadas en la venta de todo tipo de objetos relacionados con estos seres. Las figuras de ángeles, hechas con yeso y otros materiales se han convertido en un próspero negocio y los establecimientos que antes tenían estas imágenes arrinconadas en sus almacenes porque no se vendían las han desempolvado ahora y las han puesto nuevamente en los escaparates. Incluso se venden moldes para que sea el mismo cliente el que pinte y coloree el ángel según su gusto o según la visión que haya tenido de él. Se venden pósteres, se imparten conferencias, hay cursillos de cómo contactar con ellos, e incluso han aparecido barajas de cartas de ángeles, todo ello sin mencionar los dietarios con un ángel para cada día, y la próspera industria de velas y oraciones escritas que deben utilizarse en estos ritos.

En América incluso hay grupos feministas que han reivindicado los ángeles femeninos, basándose en el *Libro de Enoc* y sus palabras acerca de la lujuria angélica hacia las mujeres terrenales. Y aquí llegaríamos al discutido tema del sexo de los ángeles, en el que no quiero entrar. Pero podemos recordar la existencia de ángeles femeninos en las tradiciones persa y babilónica, que reaparecen en la tradición rabínica y en la cábala.

La realidad es que la vida espiritual, tanto si se expresa a través de la adoración como de la plegaria, necesita algún tipo de visiones angélicas. Y la Nueva Era, cargada de espiritualidad, precisaba este tipo de visión.

¿Alienígenas o ángeles?

Es curioso que durante una época de la Nueva Era, especialmente en sus comienzos, las visiones de sus seguidores fueran de ovnis y luces en el firmamento. Luego estas visiones celestes decidieron descender a la Tierra y se empezaron a ver alienígenas que se movían por los bosques, cruzaban carreteras o realizaban extrañas prospecciones en los desiertos. Posteriormente, estos seres empezaron a entrar en contacto con los terrestres y se produjeron las primeras abducciones. Tras estos episodios surgieron los llamados *ovnis de dormitorio*, cuando los alienígenas se aparecían en los dormitorios de las personas, tanto si vivían en un rancho en el campo como en el piso cincuenta y cuatro de un rascacielos de Nueva York. Luego vino el silencio, los ovnis desaparecieron, fueron desmitificados por la ciencia y los alienígenas dejaron de aparecer, hasta que llegó esa ola de ángeles que nos visitan, en sueños o en nuestra intimidad.

Pero ¿qué son esos ángeles? ¿Se trata de seres que han sido mortales y humanos y, por tanto, implican una forma de resurrección, como reivindicaba Emanuel Swedenborg? ¿Son seres más evolucionados de otras dimensiones que se ponen en contacto con nosotros para ayudarnos en un momento crucial de la humanidad?

Para unos son seres superiores creados por Dios, para otros espíritus muertos, símbolos religiosos, entes de otras dimensiones o alienígenas y, finalmente, se encuentran quienes piensan que se trata de simples majaderías.

En España las visiones de ángeles ha tenido un gran precedente en los últimos años con ciertas connotaciones: las apariciones marianas. En este país es indudable que la Virgen ha tenido una gran tradición, y es lógico que se aparezca a aquellas personas que han estado años rezándole y venerándola. La aparición de los ángeles parece una respuesta a aquellas personas que reivindican una espiritualidad, pero no tan cercana al cristianismo, ya que cada uno ve a estos seres según sus creencias particulares. Sepamos que la moda de los ángeles no es patrimonio exclusivo de los cristianos, sino también de numerosas sectas y religiones, como las de los mormones, los judíos e incluso los musulmanes.

Del caballero verde a las crisis transpersonales

Dentro del sufismo, existe un caso muy concreto, el llamado *caballero verde*, una especie de ángel que se aparece a aquellos con problemas para ayudarlos. A veces aparece con una forma luminosa y otras es simplemente un mendigo con el que nos cruzamos y quien tras recibir nuestra limosna nos da un consejo que cambia nuestra vida y resuelve nuestros problemas. No debemos olvidar que el caballero verde del sufismo es ni más ni menos que San Jorge de Capadocia, uno de los santos más importantes en España y cuyos restos aparentemente se encuentran en Turquía, aunque también lo reivindican para sí los ingleses, los hindúes, los paquistaníes y algunos países centroeuropeos.

Pero ¿cuándo se aparecen los ángeles? Lo hacen en sueños proféticos o revolotean en los momentos de crisis. Y al hablar de estas épocas regresamos nuevamente a la nueva psicología transpersonal. La realidad es que no podemos encontrar ningún libro riguroso y serio que hable de los ángeles sin que se cite el chamanismo. Ni Bloom ni Eliade ni Frigola han tratado este tema sin referirse a este fenómeno. Para la nueva psicología y antropología transpersonal la presencia de ángeles tiene una profunda relación con los estados modificados de consciencia, con nuestra espiritualidad y con la posibilidad de trascender a otras realidades. Recordemos que el chamán, en su ritual para curar a un enfermo, transciende la realidad y llega a contactar con otros seres, a los que podemos llamar si queremos *ángeles*, que le facilitan el remedio para la sanación o absorben las energías negativas que reinan en la enfermedad. Las personas normales también son capaces de realizar esta hazaña si tienen una fuerte espiritualidad. Es más, si nos atenemos a todos aquellos estados de emergencia espiritual, estaríamos frente a seres humanos que traspasan las barreras de las dimensiones corrientes y acceden a otros lugares donde se encuentran ante la presencia de seres angelicales. Recordemos que muchos ejercicios que llevan a estados modificados de consciencia ponen en contacto a sus practicantes con seres de otras dimensiones.

En definitiva, si la nueva psiquiatría considera que una persona que escucha voces, se desdobla o tiene contactos con seres de otros planos de la realidad no es un enfermo, sino un individuo que se encuentra en un estado de emergencia espiritual y al que hay que atender para potenciar estas facultades, tampoco podemos pensar que aquellos que dicen ver «ángeles» están locos.

No obstante, debo advertir de los riesgos de la comercialización de la moda de los ángeles, que se ha convertido en un puro negocio, hasta el punto de que al nacer un niño ya se le adjudica un determinado ángel, o del hecho de que se ofrecen ángeles hasta por internet.

Pero aún hay algo más y es que los ángeles son personajes clásicos de la literatura apocalíptica, típica del final de un milenio, una época muy cercana a la nuestra y que nos lleva a otro tema relacionado con la Nueva Era, el milenarismo.

El milenarismo

El concepto de milenarismo se ha limitado en los siglos pasados a designar una escatología cristiana, según la cual el hijo de Dios volvería a la Tierra para establecer un reino que duraría mil años, antes del día del Juicio y el final de los tiempos. El Apocalipsis de San Juan, en el que hay una gran presencia de ángeles, constituye un ejemplo típico de milenarismo. Sin embargo, en unos tiempos donde la pluralidad religiosa y la convivencia de doctrinas conforman nuestra civilización, es difícil aceptar un milenarismo centrado sólo en una de ellas.

Ha habido un inesperado auge de sectas y movimientos pseudorreligiosos durante el cambio de siglo, ya que muchos de ellos anunciaron y siguen prediciendo el fin del mundo o, como veremos más adelante, al menos el final de la sociedad tal como se ha vivido hasta ahora (mayas).

En la Edad Media todo parecía mucho más sencillo, por lo menos en Europa: el fin del mundo llegaría para castigar a todos aquellos impuros y poderosos que habían pecado. El movimiento milenarista tenía en común un alto grado de sofisticación teológica, mientras que en las corrientes actuales conviven, además, factores como el ocultismo, la supervivencia, la precariedad de la vida, el cambio de las estructuras sociales y otros aspectos nacidos de las complejas formas de culpa colectiva latentes en las sociedades avanzadas industrialmente.

De todas formas recordemos que el fin del mundo tampoco llegó en el año 2000, claro que esta era tan sólo una visión cristiana… Indudablemente el año 2000 como cifra profética no tenía ningún interés para los islamistas que cuentan su cronología a partir de la Hégira, ni para los chinos ni los japoneses, o los masones (según el rito escocés, hay que añadir 3760 años a la era cristiana). Así que esa cifra sólo fue profética para Hollywood a través de la película de Stanley Kubrick, *2001: una odisea del espacio.*

Sin duda han sido las sectas las que más se han valido del milenarismo para señalar un cambio en el mundo. Recordemos que los neocátaros advirtieron que en el año 2000 se produciría una importante revelación referente a los descendientes de los huidos de Montségur, los presuntos descendientes de Jesús, pero eso todavía no ha sucedido más de diez años después.

Al margen de estas revelaciones típicas de cada fin de milenio también se anunciaron otros hechos, como el contacto con seres extraterrestres, el choque con una piedra caída del cielo, un nuevo y violento terremoto que azotaría la costa oeste de Estados Unidos, el vuelco del planeta y otros acontecimientos desastrosos. Pero, para no faltar a la verdad, debemos recordar que sí ha ocurrido algo en estos últimos diez años: sólo debemos pensar en los desastres producidos por la madre naturaleza y aquellos que el ser humano ha desencadenado por su falta de escrúpulos hacia el planeta que le da sostén.

Las señales apocalípticas

Todo fin de milenio estuvo precedido de señales apocalípticas, y como se dice de las meigas: haberlas haylas. Claro que todo es como nosotros queramos verlo o interpretarlo. Hay quienes pensaban que la sociedad había alcanzado un grado de corrupción e inmoralidad tan grande que con el advenimiento del pasado año 2000 se produciría de forma automática su fin. ¿Cómo? Esta cuestión no tenía mucha importancia para aquellos visionarios; en realidad, quienes mantuvieron esas hipótesis hoy en día están un tanto desprestigiados.

Lamentablemente para ellos, en el fin del siglo XX no apareció ningún cometa luminoso en el cielo, ya que esa hubiese sido una buena señal apocalíptica para muchos, un hecho que seguramente hubiesen aprovechado muchas sectas para suicidarse colectivamente y trasladarse a ese nuevo cometa, como ya ocurrió con la secta del Templo del Sol. Pero, lamentablemente para ellos, los astrónomos no localizaron ningún cometa que iluminase los cielos en esa época, sino algo más tarde, a principios del tercer milenio.

Las profecías y el último papa

La Nueva Era también ha aportado innumerables textos sobre profecías. No voy a mencionar aquí todas las que han aparecido en libros editados por sectas, sino simplemente a las más clásicas, a las que han tenido un buen número de seguidores.

Indudablemente las profecías de Nostradamus han sido las más importantes, ya que sus obras han disfrutado de un enorme éxito comercial, y su popularidad ha sido superior a las predicciones de Malaquías, Justino, Ireneo o Papías.

Entre las profecías que más han llamado la atención están las referentes a los papas, cifradas en diferentes versículos en los que se fija en ciento once el número de papas que deberán sucederse en el trono de San Pedro. Según esta lista, al papa Juan XXIII le correspondería el número ciento siete. Pablo VI tuvo el número ciento ocho, y Juan Pablo I y Juan Pablo II los dos siguientes respectivamente. Así a Benedicto XVI le correspondería la divisa «Del trabajo al sol» pues es el penúltimo papa, y el próximo, al que le corresponderá la divisa «De la gloria del olivo», será el último papa de la era cristiana. Tras él, según la profecía, el mundo será destruido, antes de que Cristo vuelva a reinar sobre la Tierra.

Para el obispo Papías, el fin del mundo iría precedido por la aparición de un anticristo, tras cuya derrota se establecería en la Tierra un reino de santidad y bienaventuranza. Tras complicados cálculos e interpretaciones, los esotéricos pensaban que la hecatombe final se produciría en el año 2007, pero aquí seguimos.

Nostradamus, Ulrico y la era de Acuario

Volvamos a Nostradamus, que nació en Provenza en 1504 y redactó en 1548 una obra en la que se daban a conocer los hechos principales de la historia de la humanidad hasta el fin de los tiempos. Esta obra, *Las verdaderas centurias astrológicas y profecías*, está escrita en cuartetas rimadas. Los seguidores de la Nueva Era explotaron el contenido de estas centurias, pese a que, las profecías llegan sólo hasta 1797; sin embargo, los fanáticos de Nostradamus sostienen que el astrólogo sólo puede ser entendido a través de una clave, que permite leer sus profecías de una manera distinta y ver cómo muchos acontecimientos contemporáneos ya habían sido previstos por él. En cualquier caso, si nos atenemos a estas interpretaciones sobre las profecías de Nostradamus, el fin del mundo debería haberse producido en 1999.

Otro profeta también seguido por los miembros de la Nueva Era es Ulrico de Maguncia, que describió el mundo futuro en las profecías recogidas en su obra *Arbor mirabilis*. Sus seguidores consideran que este libro es la biblia del año 2000. Diferente a otros profetas apocalípticos, Ulrico destacaba en sus profecías que, a partir de 1997, se iniciaría en el mundo una era de gran paz, un reino milenario en el que los hombres enmendarían sus errores.

Ulrico, que fue hallado recién nacido en una pequeña barca que navegaba por el Rin, igual que Moisés por el Nilo, es uno de los pocos profetas optimistas y, además, sus predicciones añaden, a la corriente occidental, elementos que sin duda provienen del hinduismo y del budismo. Algo que resulta muy sorprendente si consideramos que hablamos de un personaje que desapareció misteriosamente el 7 de abril de 1558.

Dentro del mundo profético tendríamos que mencionar la astrología y la importancia que tienen la eras en su componente zodiacal. Según los astrólogos la era de Piscis terminó hace poco y la humanidad está ya bajo el dominio de la era de Acuario, la cual provoca grandes cambios en la humanidad y un regreso a la espiritualidad.

El fin del mundo que conocemos

Vivimos un mundo en el que, a pesar de los avances científicos y tecnológicos, el ser humano no ha alcanzado plenamente la felicidad. El bienestar de la técnica y de la medicina choca con la cantidad de seres que sufren y no son felices. El capitalismo galopante, el comercio sin reglas y el establecimiento del dinero como único valor no parecen dirigirse a este objetivo. Muchas personas han descubierto que ni su riqueza ni su estatus social las hace más felices que los demás mortales. Surgen neurosis a causa del ritmo de vida, nuevas enfermedades debido al tratamiento que damos a los alimentos, los bosques y la atmósfera. Muchas de las enfermedades que padecemos tienen un gran componente psicosomático, y somos nosotros mismos quienes nos provocamos estas dolencias al mantener un ritmo de vida trepidante y absurdo, con nuestras ambiciones, angustias y ansias de poder. No nos debe extrañar que todo ello acabe provocando que las personas entren en crisis que se manifiestan en secuencias de cierta espiritualidad o la necesidad de volver hacia nosotros mismos y explorar nuestro interior.

La Nueva Era, la era de Acuario, la transpersonalidad o el movimiento transpersonal son consecuencia directa de esa necesidad de los seres humanos de encontrar nuevas respuestas al mundo en el que viven. Meditar, desarrollar técnicas para el crecimiento interior, explorar las antiguas tradiciones, volcarse en una alimentación más sana, respetar la naturaleza y cuidarla, son ejemplos claros de ese cambio de actitud que buscan millones de personas.

A través del cine podemos ver historias reales que nos hablan de cómo ejecutivos que estaban todo el día inmersos en asuntos financieros, operaciones internacionales, opas, compras de multinacionales y otros negocios que les absorbían al cien por cien, estallan repentinamente y dejan ese mundo angustioso para irse a meditar a la India, al Tíbet o a lo más profundo de la selva del Amazonas.

¿Qué está ocurriendo? Es el fin del mundo tal como lo conocemos. Posiblemente las profecías tengan razón, y estemos ante el final de la sociedad actual. La humanidad está cambiando sus valores y muchos empiezan a ver que el dinero puede ser importante, pero no lo suficiente como para sacrificar toda una vida por él; por lo tanto, tal vez valga la pena ganar un poco menos y poder disfrutar del mundo y de la vida, una filosofía que sin duda constituye una seria amenaza para el capitalismo. Esta vez la amenaza no proviene del comunismo sino de los propios capitalistas estadounidenses, especialmente los californianos, que empiezan a desarrollar una nueva concepción del mundo y la sociedad, de sus valores y del sinsentido de comprar objetos que no nos sirven para nada. Así, en una sociedad opulenta como la estadounidense la idea de cambiar de coche cada año empieza a perder valor, porque ello significa trabajar más y dedicar menos tiempo a nosotros mismos.

La esperanza del tercer milenio

La revolución, el cambio, el fin del mundo, es tomado como algo simbólico por los seguidores de la Nueva Era y todos los movimientos y disciplinas posteriores. Por lo tanto, no debe interpretarse como la destrucción del planeta y el fin de sus formas de vida, sino como la desaparición de un sistema que ha funcionado hasta ahora y el surgimiento de nuevas maneras de pensar, de valorar y de ver la vida.

Si el nuevo paradigma científico está en lo cierto y la física cuántica no se ha equivocado, nos encontramos ante una nueva humanidad que tiene posibilidades de contactar con todo el universo tan sólo con la utilización correcta de su mente. Tal vez la industrialización de la sociedad fue un error, al no darnos cuenta de que todo lo que se estaba construyendo, desde sistemas de comunicación hasta veloces aviones, podía ser sustituido por nuestras facultades mentales. A lo mejor los seres que aparecen junto a nosotros, esas visiones de ángeles o alienígenas, no son más que entes de otros niveles que ya han alcanzado esta facultad y que, al ver que nosotros nos encaminamos por el sendero correcto, empiezan a emerger a través de nosotros. Por otro lado, sabemos que sólo usamos una parte muy pequeña de nuestro cerebro y que las posibilidades de este no tienen límites. Estamos trabajando solamente con un hemisferio, el izquierdo, y muy poco con el derecho. En concreto sólo utilizamos un veinte por ciento de nuestra capacidad real. Nuestra conexiones cerebrales pueden multiplicarse y triplicarse, y no se trata de que nuestro cerebro crezca, sino de que sus sinapsis se comuniquen más las unas con las otras. Einstein, que cedió su cerebro a la ciencia para su estudio, no tenía un cerebro más grande que los demás, incluso su tamaño estaba por debajo de la media, pero sus sinapsis neuronales estaban terriblemente extendidas y ramificadas en profundas conexiones.

El tercer milenio se está convirtiendo en una nueva esperanza, un advenimiento lleno de posibilidades, una última oportunidad para que la humanidad se oriente hacia un camino definitivo en su propia evolución. Por primera vez en la historia de los seres humanos nos encontramos ante una terrible encrucijada, pues necesitamos compaginar de una forma armónica y equilibrada la ciencia, la tecnología y la espiritualidad crecientes. Sólo de nosotros dependerá que exista el futuro y que nuestros hijos y los descendientes de estos crezcan en un mundo sostenible, armonioso, pacífico y respetuoso con todos los seres vivos del planeta. Sólo recogerán lo que sembremos ahora. De nosotros depende, en grado máximo, su futuro: serán lo que plantemos hoy.

EPÍLOGO

Al llegar al final de este libro soy consciente que no está todo dicho sobre lo nuevo y lo viejo de la Nueva Era. Algunos lectores pueden reprocharme que haya omitido muchos aspectos; por ejemplo, podrían citar que he olvidado mencionar el diagnóstico del iris, los trabajos sobre el aura, la fotografía Kirlian, la reflexología, el método Silva, el psicodrama, la técnica Alexander, la euritmia curativa, la terapia reichiana, la sofrología o la sexología. Es cierto, he evitado mencionar todos los elementos de esa lista e incluso otra más amplia de todo lo que arrastra y se mueve dentro de la Nueva Era. Soy consciente de que aquí no está todo, pero he tratado de exponer lo más importante, aunque sé perfectamente que, para cada uno de nosotros, nuestra terapia especial, aquella que practicamos, es siempre la más significativa. Cada uno posee un mundo interior terriblemente complejo y personalizado, de ahí que se requiera nuestra experiencia individual en el progreso interior.

Tampoco he mencionado a todos los gurús y maestros de la Nueva Era, algunos de los cuales son especialmente significativos para muchos lectores, ya que sus enseñanzas les han permitido avanzar y progresar interiormente. Vuelvo a repetir algo que ya he dicho: cada discípulo tiene el maestro que merece. Si usted está preparado y evolucionado tendrá un buen maestro; en caso contrario, es probable que termine en malas manos, algo que, por otra parte, puede suponer una lección que le servirá para ser más prudente en su próxima aventura espiritual. Lo mismo puede ocurrirle con las escuelas —de las cuales no he querido dar nombres, ni de las buenas ni de las malas—, aunque creo que con las pistas que he dejado caer, posee material suficiente para poder saber, antes de entrar en una escuela, si sólo se interesan por su dinero y les importa poco su actitud o lo que aprenda. El maestro y la escuela, si son buenos, serán muy duros con usted e incluso llegarán a rechazarle si ven que no está bastante preparado o que su rendimiento en los talleres deja mucho que desear.

Muchos fanáticos de los ovnis me acusarán de escéptico. No deben confundirse pues no se trata de que tenga esta actitud ante el contacto o la visión de seres de otros planetas u otras dimensiones, ya sea en planos de la mente o en otros lugares de universo. Se trata de ser escéptico ante esas revistas o ufólogos que viven de fantasías y se animan a llenar páginas de libros o publicaciones con historias que no tienen ninguna credibilidad, y que sólo sirven para producir suculentos beneficios a las editoriales y a quienes las escriben. Hay que saber discernir y valorar otras posibilidades de esas visiones y esos encuentros, tal como los expongo al hablar de los ángeles. Ya hemos visto que la moda de los ángeles puede interpretarse como un contacto con entidades de otras realidades, a las que podemos llamar de esta manera. Pero no debemos caer en la exagerada comercialización de un aspecto que tiene tintes de sagrado y convertirlo en un negocio más de la Nueva Era. Ya hemos visto lo que pasa cuando se tratan temas serios con ligereza y poca seriedad.

Ha sido mi intención mantener un gran respeto hacia todas las antiguas tradiciones, religiones y filosofías, y espero que nadie se haya sentido ofendido en este aspecto, pues sigo manteniendo que se trata de conocimientos con profundas raíces ancestrales que deben seguir estudiándose y respetándose. A este respecto he advertido seriamente sobre el peligro de las sectas, aclarando la importante diferencia existente entre un grupo de trabajo serio y otro sectario. Caer en una secta puede ser muy peligroso ya que se pierde la libertad de pensar, actuar y crecer interiormente. Por ello he insistido mucho en el trabajo interior, que sólo podemos manejar nosotros mismos, o a lo sumo bajo la guía de un maestro o monitor adecuado que nos aconseje sobre técnicas y problemas que podamos tener. Recordemos sobre todo que cuanta más pompa y mayor uso del «yo» y del «yo soy» haga un maestro, menos servicio puede hacer a los demás y a él mismo.

Al escribir este epílogo trato de llegar a unas conclusiones breves sobre el camino recorrido. Al hablar sobre las técnicas y artes que integran la Nueva Era he calificado de viejas algunas de las «mancias». No se trata de una descalificación ni de una discriminación; con ello no quiero decir que el tarot, el espiritismo, la magia, la quiromancia o la astrología sean artes que no tengan ninguna utilidad. Entonces, estaría mintiendo, ya que han aparecido excelentes trabajos de Grof sobre el tarot, de Idris Shah sobre la astrología y la magia, o del propio Charles Tart sobre la magia y las técnicas de Gurdjieff. Ocurre, sin embargo, que muchos especialistas en estas técnicas no han vuelto a abrir un libro desde que se iniciaron en ellas. Es más, creo que algunos de estos supuestos especialistas nunca han abierto un libro y se quedaron en el graduado escolar (si acaso lo tienen). Sin embargo, estos presuntos profesionales ya se han encargado de que institutos parapsicológicos, asociaciones o escuelas sacadas de la manga (para mí, y con todos mis respetos, escuelas de la insensatez) les ofrezcan todo tipo de pomposos títulos para colgar en sus despachos que no dicen nada ni tienen ninguna utilidad, fundamento o reconocimiento pedagógico oficial. En verdad, sólo hay que escucharlos —en sus centros, gabinetes, consultorios, programas de radio o televisión— para saber con qué tipo de personajes nos enfrentamos. Sin embargo, y refiriéndome a los que sí abrieron algún libro para sus trabajos iniciales, me gustaría comentar que, a día de hoy, han olvidado que todo se transforma y evoluciona, que cada vez conocemos un mayor número de aspectos sobre nosotros mismos y lo que nos rodea, y lo que estamos viviendo y experimentando en nuestras mentes y corazones. Por otra parte, la traducción de textos hindúes, budistas, egipcios, tibetanos y sufíes —las tradiciones de las cuales provienen la mayoría de estas artes— nos están enseñando nuevos aspectos más profundos sobre estas mancias, no sólo los que recogimos inicialmente y pusimos en práctica sin tener en cuenta aspectos tan fundamentales como la filosofía de esas tradiciones y su verdadero objeto. Si algunas artes mágicas se han quedado obsoletas es por culpa de quien las practica y de su escaso interés por seguir investigando en ellas. Es como un profesor de historia que siguiera explicando una parte concreta de la historia, olvidándose de que el mundo continuaba y que había que comparar, analizar, investigar y conocer los últimos avances e investigaciones para saber si sus enseñanzas habían quedado obsoletas. «Hay que conocer bien el pasado y cotejarlo con el presente para no repetirlo en un futuro» (Santillana).

Quizás he puesto mayor énfasis en la necesidad de trabajar con las nuevas técnicas, artes y tradiciones que han resurgido de la mano de la Nueva Era en los últimos años. Es indudable que debemos empezar a soñar de nuevo, hemos de considerar la sabiduría chamánica o druídica como algo cargado de un gran conocimiento que nos acerca a la naturaleza y nos lleva a contactar con lo más profundo de nosotros mismos. Las nuevas terapias se convierten en herramientas efectivas para trabajar en nuestro interior, así como la medicina holística, que ha empezado a descubrir que la enfermedad no está localizada en un único sitio y que nosotros somos responsables de ella en la gran mayoría de los casos. Sin embargo, también debemos saber que el éxito de las nuevas terapias y técnicas chamánicas o druídicas no está solamente en ellas, sino que dependen en gran parte de nosotros mismos. Nuestra actitud debe cambiar, pues ahora ya no se trata de acceder a esos conocimientos como un medicamento que ingerimos y del que nos olvidamos el resto del día. No se trata de pastillas, jarabes o inyectables que entran en nuestro cuerpo y actúan. Por primera vez su resultado, su éxito o su fracaso, depende de nuestra actitud, esfuerzo, intención y creencia en lo que hacemos. Por primera vez es importante que seamos conscientes de nosotros mismos, que vivamos intensamente el aquí y el ahora, el presente. De lo contrario no servirá de nada acceder a esos conocimientos. Y es curioso que todos estos han estado a nuestro alcance siempre; no ha habido un misterio esotérico, porque el auténtico secreto no estaba oculto, sino que se hallaba en nosotros mismos, en nuestra actitud, en nuestra postura ante la vida y los demás, en nuestro corazón y en nuestro comportamiento. Si nuestra mente es sana podremos comprender esos profundos conocimientos, pero si se mueve por caminos tortuosos y ambiciosos, llenos de egolatría y ansias de poder, cualquier esfuerzo que hagamos por acceder a esa evolución y crecimiento interiores será inútil. El secreto está en nosotros mismos.

Tengo que referirme una vez más al nuevo paradigma que la física cuántica ha puesto encima de la mesa, sobre el tapete de la civilización. La mecánica cuántica nos ha revelado una realidad digna de *Alicia en el país de las maravillas*. Por un camino distinto, el de la investigación rigurosa y seria, la física cuántica demuestra que todo aquello que soñaba la mente humana, todas esas posibilidades que algunos calificaban como majaderías son una realidad y podemos acceder a ellas. Los físicos cuánticos no han hecho otra cosa que demostrar lo que ya nos decían el Upanishad y los textos budistas y egipcios. Además, han ayudado a demostrar que los chamanes no son locos o enfermos mentales. La física cuántica, a la cabeza de esta locomotora, ha arrastrado a la psicología, la antropología, la medicina y la historia. El nuevo paradigma representa una manera distinta de ver el mundo y conectarse con él, aunque sea una forma que ya nos anunciaban las antiguas tradiciones hace miles de años. Nuestra soberbia, nuestra fe ciega en la tecnología y en el materialismo nos impedían creer en lo que unos pocos escritores, para algunos con la cabeza llena de mitos, nos narraban hace miles de años. Hoy nos enfrentamos al hecho de que esos relatos contienen un mensaje profundo, holístico y esperanzador para la humanidad.

Al hablar de las nuevas técnicas he mencionado los enteógenos y las sustancias endógenas de nuestro cuerpo. El componente químico es importante, ya que, al fin y al cabo, estamos formados de moléculas que mueven potentes sustancias en nuestro interior. Nunca he querido hacer apología del uso de determinadas plantas alucinógenas, sino que simplemente las he citado porque en la actualidad algunas personas las están usando para explorar otras dimensiones de su mente. Sin embargo, quiero recordar que las mismas sustancias que encontramos en esas plantas están en nuestro cuerpo y en nuestro cerebro, y que podemos potenciarlas a través de técnicas que no requieren la ingestión de ningún elemento externo.

El movimiento transpersonal, esa nueva tendencia surgida antes o al mismo tiempo que la Nueva Era —esto es, en realidad, lo de menos—, está marcando una nueva línea de actuación y el desarrollo de importantes investigaciones sobre la mente del hombre. Su filosofía es trascender y para ello utiliza todos los recursos que nos ofrece la naturaleza, desde las plantas hasta los sonidos y los ejercicios de meditación en los talleres de trabajo. El movimiento transpersonal nos transmite un mensaje importantísimo: de nada sirve estudiar y leer centenares de libros, si no ponemos en práctica su contenido, es decir, si no lo experimentamos en nosotros mismos.

Es evidente que de nada sirve defender que la meditación es un buen camino para trascender y que nos hace más humanos si no meditamos. Debemos meditar y trabajar en nosotros mismos, de lo contrario nunca sabremos, a través de nuestra experiencia interior, lo que acaece en otras realidades. Resulta fácil decir que todas esas realidades son falsas o pueriles, pero experimentemos en nosotros mismos y tendremos una base seria para criticar o admitir esas realidades; sin embargo, nuestra experimentación debe realizarse con una actitud positiva, de creencia; de lo contrario todo nuestro esfuerzo será vano. Estamos otra vez ante el misterio de este arte, un secreto que sólo depende de nosotros mismos: hay que experimentar, experimentar y experimentar. Como colofón quiero recordar un breve cuento de un maestro zen que nos recuerda la importancia que tiene ser conscientes de nosotros mismos. Dice así:

Un hombre de pueblo le dijo un día al maestro zen Ikkyu:
—Maestro, ¿podría escribirme algunas máximas de la sabiduría más profunda?

Inmediatamente, Ikkyu tomó su pincel y escribió la palabra *atención*.

—¿Esto es todo? —preguntó el hombre—. ¿No va a añadir nada más?

Entonces, Ikkyu escribió dos veces seguidas *atención*.

—Bueno —observó el hombre, más bien en un tono irritado—, no veo realmente mucha profundidad o sutileza en lo que acaba de escribir.

Ikkyu escribió entonces la misma palabra tres veces seguidas.

Medio enfadado, el hombre preguntó:

—En todo caso, ¿qué quiere decir la palabra *atención*?

E Ikkyu respondió amablemente:

—*Atención* significa «atención».

BIBLIOGRAFÍA

BLOOM, Harold: *Presagios del milenio*, Anagrama, Barcelona, 2001.
BLASCHKE, Jorge: *El cuarto camino de Gurdjieff*, Contraste, Madrid, 1995.
— y PALAO-PONS, P.: *Druidas: los magos del bosque*, Temas de Hoy, Madrid, 1995.
BOURSEILLER, Christophe: *Los falsos mesías*, Martínez Roca, Barcelona, 1994.
BRENON, Anne: *La verdadera historia de los cátaros*, Círculo de Lectores, Barcelona, 2006.
CASTANEDA, Carlos: *Las enseñanzas de Don Juan*, Fondo de Cultura Económica, Ciudad de México, 1993.
CHOPRA, Deepak: *Curación cuántica*, Plaza & Janés, Barcelona, 1999.
CIRLOT, Victoria: *Hildegarde von Bingen*, Siruela, Madrid, 1997.
EISLER, Riane: *El cáliz y la espada*, Martínez Murguía, Madrid, 1996.
FRIGOLA, Carlos: *Los ángeles caídos*, Kairós, Barcelona,1989.
GOLEMAN, Daniel: *La salud emocional*, Kairós, Barcelona, 1997.
— *Inteligencia emocional*, Kairós, Barcelona, 2011.
GROF, Stanislav: *Psicología transpersonal*, Kairós, Barcelona, 2008.
KRISHNA, Gopi: *Kundalini, el yoga de la energía*, Kairós, Barcelona, 2010.
KUHN, Thomas: *Segundos pensamientos sobre paradigmas*, Tecnos, Madrid, 1978.
MOSS, Richard: *El yo que es nosotros*, Era Naciente, Buenos Aires, 1981.

MOODY, Raymond: *Vida después de la vida*, Edaf, Madrid, 1997.

NHAT HANH, Thich: *Hacia la paz interior*, Nuevas Ediciones de Bolsillo, Barcelona, 2005.

PAUWELS, Louis: *El retorno de los brujos*, Plaza & Janés, Barcelona, 2000.

ROWAN, John: *Lo transpersonal*, Los Libros de la Liebre de Marzo, Barcelona, 1996.

SHAH, Idries: *Los sufíes*, Caralt, Barcelona, 1984.

TART, Charles: *Psicologías transpersonales*, Paidós, Barcelona, 1994.

TORÁN, Felix: *Autodiseño personal*, Corona Borealis, Málaga, 2010.

— *Ley de la autocreación*, Corona Borealis, Málaga, 2010.

— *La respuesta del universo*, Gaia, Madrid, 2010.

— *Mente cuántica*, Corona Borealis, Málaga, 2011.

WILBER, Ken: *Sexo, ecología, espiritualidad*, Gaia, Madrid, 2005.

www.ingramcontent.com/pod-product-compliance
Lightning Source LLC
Chambersburg PA
CBHW071344090426
42738CB00012B/3007